私は本屋が好きでした

あふれるヘイト本、つくって売るまでの舞台裏

永江朗

太郎次郎社エディタス

私は本屋が好きでした　目次

2 ヘイト本の現場を読み解く

自分の店にマイノリティが来ると思っていない
現代でも人間は簡単に扇動される
マスメディアへの不満のはけ口
わたしたちになにができるか

すこし長いあとがき——変わらなければ、滅ぶだけ

この難題とどう向きあえるか
答えは出ているのに変われない現状
日本の出版産業の欠陥のあらわれ
〝人〟が働く本屋をとりもどすには
パターン配本と委託制をやめなければ変われない
ヘイト本が客を遠ざけてはいないか
魅力のない本屋は滅びるのだから

・本書に収録している座談会および取材は、二〇一五年から二〇一六年にかけておこなわれたものである。
・とくに記載がない場合、インタビュイーの発言は取材当時の考え方に基づく。
・インタビュイーをのぞき、敬称を略した。
・本文中の注は編集部による。

すこし長いまえがき

不愉快な旅だちのまえに

この本のテーマは「本屋にとってヘイト本とはなにか」を考えることです。たんに「ヘイト本とはなにか」ではなく、また、「出版界にとってヘイト本とはなにか」でもなく、「本屋にとってヘイト本とはなにか」です。

この場合の「本屋」とは、本屋という空間であり、本屋という機能であり、本屋の経営者であり、本屋の従業員でもある。それらをぜんぶひっくるめての「本屋」です。あるいは、客もそこに含めていいかもしれない。もちろんそれは「(日本)社会にとってヘイト本とはなにか」、「日本の出版業界・出版産業にとってヘイト本とはなにか」ということともつながってきますが、ひとまずは「本屋にとってヘイト本とはなにか」と考えたいと思います。

なお、「本屋」とするか「書店」とするか迷いましたが、この本では基本的に「本屋」とします。「書店」というと新刊書店をイメージしますが、「本屋」はもう少し広いイメージで、古本を扱う店も、洋書を扱う店も、雑貨を扱ったり飲食の提供をしたりする店も含めて呼ぶような気がするからです。ただし出版流通などについて述べるときは「書店」を使うことにしましょう。厳密なルールはなく、なんとなく文章の流れで読んでいただければけっこうです。

さて、あらためて、なぜ「本屋にとって」なのか。

わたしは本屋が好きでした。用がなくても本屋をのぞくようになったのは中学生のころからです。花粉症の治療のために週に一度、街の中心部にある総合病院に行き、その帰りに本屋にたち寄るのが楽しみでした。高校生になると本屋通いはほぼ毎日になりました。新刊台を眺め、文庫売り場を眺め、文学全集の背表紙を眺めました。小遣いは限られていたので、買える本はわずかでしたから、本屋ですごした時間の大半は「いつか読みたい本」を確認するためのようなもの。それでも幸福な気持ちでした。

本屋通いは東京の大学に通うようになるとますます激しくなりました。神保町の古書店街や中央線沿線の古書店をハシゴしてから四畳半風呂なしトイレ共同のアパートに帰り着く毎日でした。親からの仕送りとアルバイト代をやりくりすれば、あこがれの「いつか読みたい本」が手に入りました。削ったのは食費と被服費です。

縁があって、洋書店に就職しました。隣の美術館でアルバイトをしていたとき、休憩時間になると本棚ばかり眺めているわたしに、洋書店の役員が声をかけてくれたのです。以来、書店員として、ライターとして、編集者として、本と本屋にかかわってきました。

一九八〇年代のなかばごろからは、ライターとして本屋を取材するようになりました。北は北海道から南は沖縄まで、全国のさまざまな本屋を取材しました。経営者やマネージャーにインタビューし、売り場の写真をくまなく撮りました。

本屋といってもいろいろあります。売り場面積でいうと、一〇坪に満たない小さな本屋から、二〇〇〇坪のメガストアまで。最近は一箱古本市*が各地で盛んですから、一〇坪どころかダンボール一箱の本屋もありますし、ネット書店が出現するまえから無店舗の本屋もあります。だから〇坪から二〇〇〇坪超までさまざまな本屋があるわけですが、わたしが好きだったのは小さな本屋です。一〇坪未満からせいぜい一〇〇坪ぐらいまでの中小零細店が好きでした。ついでに言うと、わたしが書店業界に入った一九八〇年代は、一〇〇坪を超えると大型だという認識でした。

小さな本屋が好きだった理由はいろいろありますが、完結したひとつの世界が表現されているように感じることが大きいと思います。「雑誌と漫画と文庫ばっかりだなあ」と内心がっかりしつつも、文庫の並べ方やわずかな書籍の選び方などに店主の個性を感じます。わたしが求めている本がその店にはなかったとしても、本棚の前に立っているだけで満足できたのでした。取材という目的があろうとなかろうと、街を歩いていて本屋を見つけたら、とりあえず入ってみます。店内を見まわし、新刊台にどんな本が積まれているか、棚にはどんな本が並んでいるかを眺めます。ごく平凡な品ぞろえのように見えて、しかし、たとえば自動車関係の書籍だけがやけに充実しているのを見つけると、そうか、この店主はクルマが好きなのかと納得すると同時に、面白いと感じるのでした。

本屋はただそこにあるだけで影響力がある

さて、ここまでわたしは「小さな本屋が好きだった」と過去形で書いてきました。つまり、いまではかならずしも小さな本屋が好きだとはいえない、ということです。数年前から小さな本屋をのぞくのが苦痛になってきました。ときどき不愉快な思いをするようになったのです。その原因がヘイト本です。店頭にヘイト本が並んでいるのを見ると、いやな気分になります。以前は「いやなことも含めて本屋なのだから」と自分に言いきかせ、できるだけ好き嫌いなくまんべんなく本屋をのぞくようにしていましたが、最近は考え方を変えました。いやなものはできるだけ見ない。醜いものは視界に入れない。

もっとも、本屋によってヘイト本の扱い方はさまざまです。よく考えて置いているなと感心する本屋もあります。ヘイト本だけでなく、ヘイトについて批判する本もいっしょに並べている本屋があります。本屋の平台の上で言論が闘わされる。読者は本屋のなかで、世の中にはさ

一箱古本市
個人が段ボール一箱分の古本を出品して売ることができるイベント。二〇〇五年にライター・編集者の南《なん》陀楼綾繁《だろうあやしげ》を発起人として、東京で開催されて以来、全国各地で開催されている。

まざまな見方・考え方があることを知る。ジュンク堂書店難波店店長の福嶋聡《あきら》がいう「言論の闘技場《アリーナ》としての書店空間」を実現するような並べ方です。福嶋の実践と主張についてはのちほど詳しくみていきます。

ヘイト本をなるべく目立たないように置いている本屋もあります。平積みにはせず、背表紙だけ見せて本棚に並べる――書店界では「〝(棚)差し〟」といいます――本屋もあります。もちろんほとんどヘイト本を置かない本屋もあります。

一方、あまり考えていないのではないか、「あまり」どころかなにも考えていないのではないかという本屋もあります。漫然と、似たようなタイトルだからいっしょに並べておく、たくさん入荷したので積んでおくという本屋です。

わたしは長く本屋通いを続けてきましたし、本屋の経営者やマネージャー、売り場担当者に取材するようになって三〇年あまりになります。本屋のなかでその本がその位置に意図的に置かれたものなのか、無意識的に置かれたものなのかは、ある程度わかります。なにも考えていない本屋の棚を見ると、うんざりします。

本屋という仕事は、ただそこにあるだけで、まわりの社会に影響を与えることができるものなのだ――本屋を取材するようになってまもなくのころ、ヴィレッジヴァンガード*創業者の菊地敬一さんから聞いたことばです。そのころのヴィレヴァンはまだ名古屋市と豊橋市に数店あるだけの経営規模でした。みずからの影響力に無自覚な本屋は本屋とはいえない。わたしはそう考えながら、本屋の取材を続けてきました。

モラルハザードが起きやすい流通システム

本屋の苦しい事情もわかります。少しでも売上がほしい。そのためには売れる本を置きたい。そう考えるのは小売業なのだから当然でしょう。また、売れる本を自由に仕入れられるわけではない、という日本の出版業界独特の事情もあります。あえて極端な言い方をすると、出版界には「仕入れて売る」という他の小売業ではあたりまえの概念が存在しません。多くの本屋、とりわけ小さな本屋の場合、店頭に並んでいるのは、自発的に仕入れたわけではない、取次から見計らいで配本*される本です。発注しなくても商品が自動的に送られてくるのです。それが

ヴィレッジヴァンガード
「遊べる本屋」をコンセプトに、書籍とさまざまな雑貨を扱う複合型書店。一九八六年に一号店を開店。斬新なコンセプトの品ぞろえが評判を呼び、二〇一九年八月現在、三四六店舗を数えるナショナルチェーンに成長した。

日本の出版業界の不思議な常識です。自分の店に来週、どんな商品が入ってくるのかわからない、入荷した箱を開けてみてはじめて「こんな本が出たのか」と知る――じつはそんな本屋のほうが多いのです。

異業種から本屋に参入した経営者に取材すると、「ほしい本が入ってこない。取次に言っても、出版社に言っても送ってくれない」という怒りと嘆きの声をよく聞きます。また、「そのくせ、ほしくもない本は大量に送ってくる」とも。しかも、その送られてきた「ほしくもない本」、注文してもいない本についても、しっかり代金を請求されるわけです。返品できるとはいえ、いったんは支払わなければなりませんし、返品したぶんが請求から相殺されるまでタイムラグがあります。

大半の出版社がつくった本は、いちど取次に運ばれ、取次から全国の本屋に送られます。取次というのは問屋のような会社ですが、問屋が商品を選択して仕入れる／仕入れないのに対して、取次はあくまで出版社と本屋のあいだを〝取り次ぐ〟というスタンスをとります。「選択的に仕入れるのではなく取り次ぐだけ」というスタンスが、ヘイト本が本屋に並ぶこととじつは深い関係があります。これについてものちに詳しく述べます。

出版社→取次→書店というルートを出版界では「通常ルート」と呼び、これがいちばん一般的な流通経路です。そのほか、出版社と本屋が直接取引する場合もありますし、読者が出版社からじかに購入する場合もあります。

取次が本屋に本を納入することを「配本」といいます。なんだか戦時中の配給を思わせますが、実際、配給みたいなものです。主導権は買う側（本屋）にではなく、売る側（取次）にあります。どの本屋にどの本を何冊納入するかは、おおむねその本屋の規模と立地と実績で決まります。書籍の単行本の初版は、せいぜい数千部程度です。過去に芥川賞をとったことのあるような名の知れたベテラン作家の本でも、初版は四千部から六千部ぐらいでしょう。初版一万部以上というのは、かなり人気のある作家です。一方、日本の本屋の数は一万店ちょっとです。二一世紀に入ったころは二万店ありましたが半減しました。一万店ということは、初版四千部の本を仮に一店に一冊ずつ配本しても足りない。都会の大きな本屋には、ややマイナーな文芸書でも五冊、一〇冊と積まれていますから、初版四千部の本が並ぶ本屋の数は全国でせいぜい

見計らいで配本
書店が仕入れる商品の種類や数を取次や出版社が決めて納品すること。出版流通の見計らい配本は、書店にとってはすべて勝手に入ってくる本だが、そのまえの段階ではいくつか種類が分かれる。新刊か重版か、どの書店に何部入れるかを取次が決めるか出版社が決めるか、それらの複合などなど。もちろん、書店が事前に発注を出すこともできるが、その希望がかなうかどうかは出版社しだい。基本的には大手出版社の話題作であるほど希望はかなわず、小さい出版社の地味な本ならかないやすい。

数百店でしょう。

新刊書は規模と立地と実績に応じて配本されます。すなわち、大きな本屋が小さな本屋より優先され、都会の利便性のいいところにあってにぎわっている本屋が優先されます。優先順位はピラミッドのてっぺんから下へ。発行部数が少ない本はピラミッドの上のほうにしか配本されないし、たくさんつくった本はピラミッドの下まで行きわたります。ですから、どんどん重版されるベストセラーはピラミッドの下まで配本されるわけですが、ピラミッドの下のほうの本屋（小さな本屋）が発行部数の少ない本を仕入れようとすると苦労します。

小さな本屋からすると不条理な配本ルールですが、出版社にも言い分はあります。販売する力がない――売り場が小さい、来客数が少ない、顧客数が少ない――本屋に配本しても、高い確率で返品されてしまう。返品はまるまる出版社のリスクになります。リスクを最小限にしようとすると、できるだけ売れる可能性の高い本屋――売り場が広くて来客数が多く、固定した顧客も多い本屋に――集中して配本しようということになります。

ここには再販制（定価販売制）による出版社の側のモラルハザードと、委託制（返品制）による本屋の側のモラルハザードが見てとれます。出版社は本をつくって（取次を介して）本屋に納品すると（エンドユーザーである読者にはまだ買われていないにもかかわらず）、本屋から代金が支払われます。本屋は（一定の条件内であれば）返品できるので、確実に売れるか売れないかわからない本でもとりあえず仕入れるし、ちょっと置いてみて売れそうになかったら返品します。取次がその本屋の規模と立地と実績によって配本数を決める見計らい配本という慣例は、この出版社と本屋のモラルハザードのなかから、たがいのリスクを最小にするために生まれてきたものだともいえます。

こうして本屋の店頭には、本屋が注文してもいない本が並ぶわけです。

「返品しない」のも判断

わたしは本屋にヘイト本が置かれているのを見ると、「ああ、この本も、注文もしていないのに入ってきた本なのか……」と思います。しかし、同時に、「でも、こういう置き方をしなくてもいいんじゃないか?」とか、「返品しちゃえばいいのにな」とも思うのです。たしかに本屋の経営はどこも苦しい。自前の店舗ならまだしも、家賃なんか払っていたらやっていられません。

本屋の粗利はだいたい二二パーセントぐらいです。一〇〇〇円の本を売って、儲けは二二〇円。ひと昔まえまでは雑誌とコミックの売上が小さな本屋を支えていました。雑誌はだいたい毎日新発売の商品が出ますし、同じものが一日に何冊も売れます。本屋にとってはあまり手間がかからず、確実な売上を見込める商品だったのです。ところがその雑誌が、インターネットとスマホの普及とともに壊滅してしまいました。雑誌の市場全体が急速に収縮しています。たくさんの雑誌が休刊（という名の廃刊）していき、新しい雑誌はめったに誕生しません。生き残っている雑誌もどんどん部数を減らしています。雑誌全体の売上は、ピークだった一九九〇年代なかばの三分の一になってしまいました。雑誌が売れなくなった原因についてここで述べる余裕はありませんが、この傾向はまだまだ続くでしょう。もはやビジネスとして成立しなくなっています。

雑誌に比べると、書籍はまだ安定しています。雑誌は最盛期の三分の一になりましたが、書籍は三分の二ぐらい。生産年齢人口の減少を考えると、人口に応じた市場収縮です。

小さな書店にとっては、経営を支えてきた雑誌やコミックが売れなくなった。だから少しでも売れる書籍を置きたい。そう考えるのはわかります。売れない本を置いておくよりも、売れる本を置きたい。以前、本屋さんと「いい本とはなにか」というテーマでおしゃべりしたことがあります。「古典・名作がいい本だ」「ロングセラーがいい本だ」「感動を呼ぶ本がいい本だ」と、いろいろな「いい本」の定義が語られますが、「本屋にとっては、売れる本がいい本なんだよね」という本音のまえには黙りこむしかありません。しかし、じゃあヘイト本も、売れるなら「いい本」なのか……。

ここ数年、カフェや雑貨売り場を併設する本屋が増えました。精算前の本を見ながら飲み食いできる本屋もあります。それは激減する雑誌の売上を、飲食や雑貨の売上でカバーしようとしているともいえます。あるカフェ併設の本屋のマネージャーが、こんなことを言っていました。「一〇〇〇円の本を売って得られるマージンは二〇〇円ちょっとです。一〇〇〇円のドリンクのマージンは八〇〇円です。ぼくらは、一〇〇〇円の本を売りつづけるために、一〇〇〇円のドリンクを売るんです」と。そこで、「いや、一〇〇〇円のドリンクを売るために、返品できる一〇〇〇円の本を、ドリンクを飲ませながら無料で見せているんじゃないですか?」と心のなかでツッコミましたが、それはそれとして、ヘイト本を置くよりもドリンクを提供するほうがいいんじゃないかとも思うわけです。

見計らいによって売りたくもないヘイト本が配本されたら、店頭に出さずにすぐ返品してしまえばいい（本屋ではこれを「即返（そくへん）」といいます）。実際、超大手の本屋では入荷した箱を開けて出版社名と著者名だけ見て即返する本が少なからずあると、現場で働く人から聞いたことがあります。だって、そうでもしなければ、売り場は新刊であふれてしまうから。だから、小さな本屋に並んでいるヘイト本というのは、少なくともその本屋の従業員が「返品しない」という判断を下した結果としてそこに存在しているわけです。それが積極的かどうかはともかくとして。

書店員も組織の一員

本屋はヘイト本を好きこのんで置いているわけではないと思います。たとえば、見計らい配本はお断り、という本屋もあります。最近、雑誌や新聞やウェブでよく話題にのぼる個性的な小さな本屋はたいていそうです。わたしはチェーン店でも大型店でもないという意味で「独立系書店」とか、積極的に商品を選ぶ本屋という意味で「セレクトショップ型書店」などと呼んでいますが、そこでヘイト本を見かけることはめったにありません。あったとしても、カウンターとなる本と組み合わせて、問題提起するように扱われることが多いように感じます。多くの本屋にとって、ヘイト本は積極的に売りたくなるような本ではないのです。

ただ、ある独立系書店の店主がつぎのようなことを言っていました。いまの自分の店では、ヘイト本を置こうとは思わない。関心のある内容ではないし、店の雰囲気にもそぐわない。しかし、大型書店の売り場担当者だったらどうだろうか。そのヘイト本を置けば○○円の売上が見込める。ではヘイト本のかわりになにを置けば○○円以上の売上をとれるだろうか。このとき確実にこれという本があればヘイト本を置かずにその本を置くだろうが、そうでなかった場合、会社という組織の一員として会社全体の売上を伸ばさなければならないというミッションが課せられているなか、ヘイト本を置かないという選択ができるだろうか——。

同じ「本屋」「書店員」といっても、おかれている立場や所属している組織によって、一冊の本をめぐる判断はさまざまなのです。わたしが「ヘイト本を置くなんて、いやな本屋だなあ」と思っても、その本屋で働く人は「いやだけど、しかたないなあ」と思っているのかもしれない。あるいは、なんにも思っていないのか。はじめは、そのへんのことを知りたくて、この本をつくることにしたのですが、そのためには本が本屋に届くまでにどのようなことがおこなわれているのか、そこでなにが起きているのかを知らなければなりません。

どんどんネトウヨが喜ぶ社会に

じつは、この本には予定よりも長い時間がかかってしまいました。取材をはじめたのは二〇一五年の初夏ですから、丸四年もかかったことになります。当初は一年ぐらいで書きあげるつもりでした。だが、そうならなかった。長くかかった理由のひとつは、「過去のブームとしてのヘイト本」をとり上げるつもりだったのに――実際、二〇一五年の夏にはもう過去形だった――ケント・ギルバートが書いた一連の本がヒットするなど、ヘイト本がふたたび売れる現象が起きてきたこと。加えて、『新潮45』休刊事件*にみられるように、中国や韓国への憎悪を煽《あお》る本だけでなく、広く世の中の少数者に対する差別的かつ敵対的で攻撃的な出版物が増えていること。そして、本屋の現場がますます劣化しているように感じられることなどがあります。正直に言うと、わたしはすっかりいやになってしまいました。ある尊敬していた年上の書店員に「本屋の現場はヘイト本をどう扱っていいか悩んでいるのではないか」と言ったところ、「悩んでなんかいない。うちの若い従業員たちは、なにも考えずにただ並べているだけだから」と鼻先で嗤《わら》うように返されて、それがわたしにはショックでした。

また、新宿区がヘイトデモ対策として、デモ出発地に使える区立公園を四か所から一か所にした（二〇一八年八月より）こともわたしにはショックでした。ヘイト本のこととは直接はつながらないように見えますが、差別と憎悪の表現とその扇動という意味では、ヘイトスピーチやヘイトクライムとヘイト本は根底でつながっていると思います。ヘイト本がヘイトスピーチをうながす火床《ひどこ》のようなものになっていると思います。新宿区はひとつひとつのデモの内容をチェックするのではなく、丸ごと絞ってしまうという対応に出たわけです。役人の事なかれ主義からすると予想できた対応ではありました。ヘイトデモへの規制を求めると、デモ一般の表現の自由そのものが脅かされてしまい、ほくそ笑むのはネトウヨばかりです。こんな無責任でバカバカしいことが起きるなんて。

そしてこの本の執筆に時間がかかったなによりも最大の理由は、ヘイト本について調べたり考えたりしていると不愉快になること。人生、残りわずかなのに、ヘイト本なんてくだらないものにつきあっていていいのか、時間がもったいないではないか、という気持ちがあります。だからだらだらと遅れてしまった。

ヘイト本を「ヘイト本」と呼ぶのは適切か

ところで、ここまで「ヘイト本」ということばを使ってきましたが、この呼称は適切ではないと考えています。hate（ひどく嫌う、憎む）という英語は、日本で日常的な生活のなかで使うことばとはいえないでしょう。多くの人は、dislike, detestとのニュアンスの違いもよくわからないのではないか。実感としてなじみの薄い外国語を、ある行為や事象を示すことばとして用いるのは適当ではありません。似たような事例として「ハラスメント」があります。『ジーニア

『新潮45』休刊事件
新潮社のノンフィクション誌『新潮45』二〇一八年八月号に掲載された衆議院議員・杉田水脈《みお》による記事「『LGBT』支援の度が過ぎる」（通称「杉田論文」）の内容に多くの批判が集まり、最終的に休刊に追いこまれた事件。新潮社の役員は取材に対し、「限りなく廃刊に近い休刊」「（この）八月号のことで休刊の決定はしていない」などと答えている。

ス英和辞典』でharrassmentを引くと「悩ます〔される〕こと／悩み（の種）」とあり、『リーダーズ英和辞典』では「悩ます〔悩まされる〕こと、いやがらせ／人を悩ますもの」とあります。harassが古フランス語のharer（犬をけしかける）からきていることを『ジーニアス英和大辞典』で確認すると、なんとなくイメージできますが、「ハラス」が十分に定着した外来語とは思えません。ましてや日本的な略語である「セクハラ」なんて。奇妙な和製英略語にしてイメージを曖昧《あいまい》にしてしまうよりも「性的いやがらせ」というべきだと思うのです。

それと同様に「ヘイト本」も、正確には「差別を助長し、少数者への攻撃を扇動する、憎悪に満ちた本」と呼ぶべきでしょう。それでは長すぎるというのなら「差別本」とか「少数者攻撃本」とか。わたしは外国語由来のカタカナ語と同じく漢字を多用した造語も好きではないのですが、「ヘイト本」の曖昧《あいまい》さよりはまだマシだと思います。

ヘイト本は「嫌韓反中本」と呼ばれることもありますが、これだけでは誤解が生じる恐れがあります。中国や韓国を批判する本とヘイト本とは違います。中国政府の政策や中国共産党への批判、あるいは毛沢東についての批判などは、どういう立場で書かれたものであれ、それは重要です。韓国についても、政権や政策や個々の政治家を批判することはいい。サムスンやLGなど企業の活動を批判するのも問題はないと思います。しかし中国政府や韓国政府と、中国人一般・韓国人一般を同一視するのは間違っているし、ましてや中国や韓国にルーツをもつ人を攻撃するのも間違っています。

なにかを批判し攻撃する本が、すべて「ヘイト本」になるわけではない。たとえば安倍政権や安倍晋三を批判したからといって、それを「安倍ヘイト本」とはいわない。なぜなら、そこで批判しているのは安倍政権の政策であり安倍晋三の思想であるからです。安倍政権や安倍晋三個人への差別を助長し、攻撃を扇動するものではない。批判とヘイトは違います。

その人の意思では変えられない属性——性別・民族・国籍・身体的特徴・疾病・障害・性的指向など——を攻撃することばは、批判ではなく差別です。

ヘイト本が巧妙なのは、タイトルや見出しも含めて、一見すると韓国政府の政策を批判したり、韓国社会を批判しているかのように装いながら、「韓国人だからダメなのだ（そして韓国にルーツをもつ人もダメなのだ）」と思わせるように書かれているところです。客観性を装いながら、じつは主観的な結論に誘導している。読者が政権や権力者と国民・民族を混同するように書かれている。しかも根底にあるのは、「韓国政府や韓国社会と日本政府・日本社会のあいだにはこのような違いがある（ので、それを乗り越えていこう）」という友好への志向ではなく、「こんなにひどい韓国政府や韓国社会と違って日本はすばらしい（から安心して暮らしましょう）」という現状肯定の無限ループにはまりこむ退廃的思考です。

とはいえ、この本では不本意ながら便宜上「ヘイト本」という呼称を使います。

インターネットが生んだ出版トレンド

ここでヘイト本の歴史について簡単に振り返っておきましょう。大韓民国や朝鮮民主主義人民共和国、そして中華人民共和国に対して批判したり嘲笑したりする本は以前からありましたし、朝鮮人・在日コリアン、中国人・在日チャイニーズを蔑視した本も以前からありました。しかし、差別を助長し、威嚇や攻撃をそそのかすことを目的とした本が目立つようになるのは二〇〇〇年代に入ってからだと思います。その背景としては、インターネットの普及が大きいでしょう。Windows95が発売された一九九五年をインターネット元年と呼ぶこともありますが、実際の普及はブロードバンドでの常時接続が広まった二〇〇〇年ごろから。アマゾンの日本進出などeコマースの広がりもこのころからです。憎悪と差別、攻撃の広がりは、インターネットなしにはありえなかったと思います。

ヘイト本のはじまりは二〇〇五年に刊行された山野車輪『マンガ嫌韓流』（晋遊舎）でしょう。この本は発行形態がムックなので、取次などが発表するベストセラー・ランキングには登場しないことが多いのですが、パート4まで出た続編やその文庫版、新装版なども含め、シリーズ全体での総発行部数は公称一〇〇万部。このムックのヒットを受けてか、晋遊舎は桜井誠『嫌韓流実践ハンドブック　反日妄言撃退マニュアル』（二〇〇六年）などヘイト本をつぎつぎと出版していきます。

評論家の古谷経衡《つねひら》は二〇〇二年、日韓共催のサッカー・ワールドカップでネットのなかでの嫌韓マインド、あるいは反マスメディア・マインドが広がっているところに『マンガ嫌韓流』が登場してヒットしたと分析しています（152ページ以降にくわしい）。ただし『マンガ嫌韓流』はネトウヨに影響を与えていない、なぜなら、すでにネトウヨたちが知っていることを（つまりすでにネットで流布している情報を）マンガにしたにすぎないからだと。ネトウヨに影響を与えたという点では、むしろ小林よしのりの『新・ゴーマニズム宣言SPECIAL　戦争論』（幻冬舎、第一巻は一九九八年、第二巻は二〇〇一年、第三巻は二〇〇三年）のほうが大きかったと古谷は言います。『戦争論』は「新しい歴史教科書をつくる会」をはじめ歴史修正主義者たちにも多大な影響を与えたといえるでしょう。

『マンガ嫌韓流』と前後して、二〇〇四年、ワック・マガジンズが雑誌『月刊ＷｉＬＬ』を創刊します。編集長は文藝春秋、朝日新聞社、角川書店、宣伝会議とわたり歩いてきた花田紀凱《かずよし》。二〇一六年、花田は飛鳥新社に移り、『月刊Ｈａｎａｄａ』を創刊します。『月刊ＷｉＬＬ』、『月刊Ｈａｎａｄａ』、そして産経新聞社の『正論』が現在の三大右派系オピニオン誌といっていいでしょう。

ヘイト本で特徴的なのは雑誌やその別冊、あるいはムックという形態での刊行です。ムックとはmagazineとbookからつくられたことばで、見た目は書籍に近いけれども雑誌のように流通*します。そのため、書籍よりも大量の部数を書店に並べることができます。この特性にいちはやく注目して成功したのが『別冊宝島』（宝島社）でした。八〇年代から九〇年代前半、サブカルチャー、オルタナティブカルチャーの担い手だった『別冊宝島』は、『あの人の国、「韓国」が大好き。』（二〇〇四年）など韓流ブーム便乗本を出していたかと思いきや、『マンガ嫌韓流』がヒットするとすぐさま便乗本『マンガ嫌韓流の真実！』（二〇〇五年）を出すなどヘイト本にシフト、さらには『嫌「韓」第二幕！ 作られた韓流ブーム』（二〇一一年）などという本まで出すのだから呆れてしまいます。

雑誌・ムックから書籍・新書へ

二〇一三年、桜井誠『在特会とは「在日特権を許さない市民の会」の略称です！』が青林堂から出ます。かつて『ガロ』というすぐれた漫画誌を刊行していた青林堂は九〇年代に経営が悪化、編集方針と経営方針が右往左往したすえに、おもな編集者は退社して青林工藝舎を設立しました。そのあとに就いた経営者のもとで二〇一一年、右派雑誌『ジャパニズム』が創刊。以降、同誌を含め青林堂が刊行する書籍の著者名には、杉田水脈《みお》、小川榮太郎、はすみとしこ、和田政宗と、ネトウヨ御用達の人びとが並んでいます。

二〇一三年、室谷克実『悪韓論』（新潮新書）、『呆韓論』（産経新聞出版）が出て、翌二〇一四年には室谷と三橋貴明の共著『「妄想大国」韓国を嗤う』（PHP研究所）が出ます。この二〇一三、四年ごろがヘイト本のピークだったといっていいでしょう。シンシアリー『韓国人による恥韓論』（扶桑社新書）や桜井誠『大嫌韓時代』（青林堂）もこの年の刊行です。

雑誌とその別冊、そしてムックに加え、新書もヘイト本でよく採用される体裁です。新書は雑誌やムックほどではありませんが、単行本よりも大量発行・大量販売できるのが特徴です。ヘイト本が比較的小さな本屋にも並ぶのは、こうした発行形態・流通形態によるところが大きいでしょう。また単行本の場合もハードカバーではなくソフトカバーがほとんどです。ソフトカバー（並製本）は仮製本と呼ばれることもあるように、短期間で消費されることを想定したものも多く、実際、ヘイト本は品切・絶版になるまでの時間が短いように感じます。

見た目は書籍に近いけれども雑誌のように流通
書籍と雑誌は流通プロセスが異なり、書籍は一冊ごとに「ISBNコード」を、雑誌はタイトルごとに「雑誌コード」を付番し、流通管理されている。ムックは両方のコードをつけることで雑誌の流通に乗せることができ、より広範な販売ルートをもてるとともに、雑誌のような返品期限がない。

二〇一五年ごろでヘイト本の流行は終わったかのように見えましたが、二〇一七年、ケント・ギルバートの『儒教に支配された中国人と韓国人の悲劇』（講談社＋α新書）で息を吹き返します。百田尚樹の『今こそ、韓国に謝ろう』（飛鳥新社）もこの年です。

ヘイト本を刊行する出版社はさまざまです。産経新聞社や青林堂、飛鳥新社のように、経営陣も含めてそっち方面の従業員が多いと思われる出版社もあれば、講談社や小学館のような、規模においても歴史においても日本を代表する大出版社もある。新潮社や文藝春秋のように文芸書で定評のある中堅出版社からも出ています。このことは、ヘイト本という問題が、一部の特殊な出版社や編集者だけのものではなく、日本の出版界全体にかかわる問題であることを示しています。経営者の主義主張や趣味とは関係なく、差別や暴力を扇動する書物がつくられ、流通しているのです。

ヘイト本とポルノの類似性

ただ、正直に言うと、ヘイト本をつくる人の気持ち、買う人の気持ちもなんとなくわかります。ヘイト本は人の心のもっとも醜い部分を巧妙に突いています。いやなことやつらいことはだれにでもあります。ひとつひとつ数えあげれば、楽しいことよりいやなことのほうが多いかもしれない。そして、怒りの矛先をどこに向けていいのかわからないときもある。自分が悪いんだと思いつつも、「でも」「だって」と言い訳したくなる。そんなとき、自分よりも弱い存在に向けて醜悪な気分を吐きだしたくなる。吐きだしたことばでだれかが傷つくのを見て、サディスティックな快感を得る。あるいは、面白半分に陰謀論的なものをもてあそびたくなる。「じつは、あれには裏があってね」と話して、友だちの歓心を買いたくなる。

これに似た心理状態をわたしは知っています。ポルノグラフィーを見ているときです。家族には恥ずかしくてちょっと言えない行為です。でも見たい。その後ろめたさも含めて、あるいは「バレるんじゃないか」というスリルも含めて、ポルノグラフィーを見るのには快楽があります。

ファンタジーがベースにあるところも、ヘイト本とポルノグラフィーは似ています。ヘイト本は「在日特権がある」「韓国と北朝鮮が日本に攻めてくる」「中国が日本を乗っとろうとしている」といった幻想の上に成り立っています。ポルノグラフィーも女性の性についての幻想や、あるいはボーイズラブ(やおい)ものであれば男性の性についての幻想が、そのベースにあります。ポルノグラフィーのつくり手は、それがファンタジーにすぎないことをよくわかっています。痴漢されて喜ぶ女性などいないし、「いやよ」は拒絶であって「好きのうち」ではない。たぶんヘイト本のつくり手も、在日特権があるとか、中国に乗っとられるとか、信じてはいないでしょう。

だけど、ポルノグラフィーのつくり手には、独特の快感もあるのです。やってはいけないことをしている、という快感です。わたしもポルノグラフィーの業界に関係していたことがあるので、その感覚はよくわかります。もしかすると露出狂なんかの感覚も似ているのかもしれませんが、こっちはまだ経験がないのでわかりません。たぶんヘイト本をつくる編集者も、「オレは／ワタシは、悪いことをしているぜ」という快感を得ているのかもしれない。じゃあ、売り手はどうなんだろう？　本屋で働く人びとも、スリルと快感を味わいながらヘイト本を店頭に並べているんでしょうか。それとも、なんにも考えていないんでしょうか。その疑問を胸にいだきながら、ヘイト本をめぐる不愉快な旅に出ましょう。

1

ヘイト本が読者に届くまで

町の本屋のリアル――書店経営者座談会

まえがきでは、半分はこれまでわたしが出版業界・書店業界を取材してきて見聞きしたことを、半分はそこからの推測・想像で「本屋とヘイト本」について考えてみたのだけれども、実際のところはどうなのか。まず最初に、書店員のみなさんに集まっていただき、話を聞いた。

集まっていただいたのはNET《ネット》21という書店グループに所属する四名のみなさんである。NET21というのは、ナショナルチェーンやリージョナルチェーンに所属しない独立系の書店が集まってできた広域の書店グループ（法人）で、経営はそれぞれ独立だが情報は共有するというユニークな性格をもっている。埼玉県の老舗書店・須原屋で修業した書店経営者二世・三世の人が多いのも特徴だ。「街の本屋のオヤジ」的な側面と、「書店界の若手経営者」的な側面をもっている。

座談会を収録したのは二〇一五年の秋、つまり〝ヘイト本ブーム〟が小康状態だったころである（つまりそれぞれの発言は当時の見解である）ことを、改めて注記しておきたい。

座談会メンバー紹介

今野英治《こんの・えいじ》

今野書店（東京都杉並区）代表

一九六一年生まれ。雑誌・コミックや文芸書から専門書までバランスよくそろえる店舗として評価が高い。売場面積九〇坪（地下コミック店三〇坪を含む）。「料理レシピ本大賞」副実行委員長を務めるなど積極的な仕掛けにもとり組む。

田中淳一郎《たなか・じゅんいちろう》

恭文堂書店（東京都目黒区）代表

一九六二年生まれ。創業から九〇年以上の歴史をもつ、地域に根づいた七五坪の老舗書店。自店経営のかたわら、街の書店の生き残りをかけてＮＥＴ21の設立準備から先頭に立ち、グループ拡大を牽引してきた。

笈入建志《おいいり・けんじ》

往来堂書店（東京都文京区）代表

一九七〇年生まれ。大型書店での勤務後、二〇〇〇年より往来堂店長となり、一八年に経営権を買いとって代表に。「谷根千」にある二〇坪の店を拠点に、地元に住むライターや古書店と協同して地域ブランディングにも尽力。

大熊恒太郎《おおくま・こうたろう》

第一書林（東京都葛飾区）代表

一九七五年生まれ。新小岩駅至近に南口本店（五〇坪）、北口店（四二坪）の二店舗を構える。二〇一九年七月よりＮＥＴ21の代表取締役社長。この座談メンバーのなかでもっとも若い経営者。今後のグループの舵とり役として期待されている。

「こういう本を望んでいたんだよ」

――嫌韓反中本などのいわゆる「ヘイト本」を、書店のみなさんはどう扱っているのかをうかがいたいと思います。NET21は主体性をもって日々の仕事にとり組む「町の本屋」の集まりです。取次や出版社から送品される本を、たんに機械的に陳列しているだけではない。ヘイト本に限らず社会的に論議を呼んでいる本をどう扱っているのかうかがえたらと思います。

今野　山野車輪の『マンガ嫌韓流』は二〇〇五年だから、もう一〇年まえなんだよね。

田中　そんなにまえだったっけ？　じゃあ、この間に何度もブームが来てるんだ。

――実感としてのピークは二〇一三年ぐらいですか。

田中　一三年、一四年ぐらいじゃないですか。

今野　各社がどんどん新刊を出すわけだから。それが新書だったら新書のコーナーに置いて、単行本だったら社会系のコーナーに置く。どれもこれもそれなりに売れるので、あるとき「これってていっしょにしたほうがいいのかな」と一か所にまとめたら、「君、これはなにを考えてんの？」とお客さんに言われちゃった。

田中　言われるんだ。

今野　店員からも「社長。これ、まずいんじゃないですか」と言われたり。そういうことがあって、「やっぱりそうかな」なんてね。フェアみたいにして一五点ぐらい並べると、「ちょっと問題があるかな」という感じになってくる。でも、面倒くさいから、いっしょにしちゃったほうが楽なわけですよ。お客さんから聞かれたとき、「コーナーはここですよ」って言えるから。

――そういう本について、「この本はありますか」とお客さんからは聞かれますか?

今野 聞かれましたよ、当時は。どれも書名が似ているから、同じところにあったほうがいいわけですよ。そのなかのどれかに当てはまるので。

田中 みんな似たようなものだしね。著者が違うだけで。

笈入 いまはないんですか。

今野 いまは民主主義系の本が売れている。

――ヘイト本に対するお客さんの反応は?

大熊 褒められたことがあります。「こういう本を望んでいたんだよ」と。おじいちゃんでしたが。ちょっと怖くなりましたね、逆に。文句を言われるならともかく。

田中 褒められたことはなかったな。

――聞いてくるお客さんは、どういう人ですか。

今野 圧倒的に中高年の男性が多い。六十代、七十代。書名で聞いてくる人はだいたいそうですね。でも、若い人もいましたよ。

――今野書店がある西荻窪は学生街のイメージがあるけども、学生はどうですか。

今野　学生はあんまりこういうものを買いもとめるイメージがないですよね。サラリーマンぐらいから上の客層かな。

――田中さんの恭文堂は、どこに置いていましたか？

田中　一階の奥、新書のコーナーですね。あればっかり置いてもうんざりしてくるので、あまり大量には置かなかったけど。とりあえずメディアで露出してるようなものを置く。でも、黙ってると出版社の案内、あればっかりなんだよね。注文するときりがないから、担当者が節度をもって対応する。各出版社、出すんだよね。「うちにはちょっと合わないんだけど、こういう本を出すんですよ」って。

――言い訳をするんだ。

田中　営業マンがね。ビジネス系の出版社も出してたしね。ブームだから出したいんだろうなと思いましたけど。わざわざコーナーをつくってまではしなかったけど、新書はまとめて置いた。その程度でした。

女性が『ＷｉＬＬ』を買うのを見たことがない

大熊　うちも今野さんのところと同じく、コーナーというか、なんだか集まっちゃう感じでやってましたし、いまもちょっとなごりがあります。好きなかたは多いですね。

――麻雀の配牌で同じ柄が集まってきたのでなんとなくひとまとめにしておいたら役満ができちゃった、みたいな感じですか。意識的に発注して集めたのではなくて。

今野　本屋の習性として、発売直後の売れ行きがよければ、かならず出版社に追加発注するじゃないですか。すると、その本は継続して店頭で売りつづけるうえに、さらに同類の新刊が入荷してくるから、同類の本の在庫が増えてくんですよ。嫌韓本以外よりも嫌韓本のほうが相対的に売れるので、どんどん増殖していく。

――大熊さんのところも、積極的客層は中高年ですか。

大熊　そうですね。新小岩なんですけども、住民は中国系・韓国系のかたも多くて、そういうかたも手に取っていたりして、不思議な感じがしましたけども。

今野　杉並区のあたりは左系の人が多いから、ああいうのを店頭に集めると、やっぱり言われちゃうわけですよ。店員もやっぱり左系が多いから、店員にも言われちゃう。嫌韓本が増えたとき、店員が「こんなのはどうしようもない。よくない」みたいな言い方して。

笈入 そういう本は、注文でなくて配本で入ってきました？

今野 うん、それなりに。

笈入 そうでしょ。うちは配本を断っているので*、あまり入ってこない。ゼロではないんですけど。だからそんなに集積しちゃうことはなかった。若干しか置いてないし、売りっぱなしで補充もしないし。うちは売り場二〇坪と小さいので、そういう本を並べる場所もないですから。『正論』とか『WiLL』の横にちょっと置くぐらい。客層としては、やっぱり六十代・七十代の男性が、新聞広告を持って「この本はあるか」と指名買いする。

――『WiLL』とか『正論』を買う人も圧倒的に男性ですか。

笈入 ですね、もちろん。

今野 圧倒的だね。女性が『WiLL』を買ったの見たことがない。

大熊 たしかにそうですね。

田中 そういえば女性が『WiLL』を買うのはあんまり見ないね。『WiLL』は定期購読者も多いけどね。

大熊 すごいですね。うちには定期をとってる人はいないなあ。

田中 いるんだよ。毎月、書いてることは似たようなもんなのに、定期なんだよね。

反対する本は、どれもこれも売れそうにない

――ヘイト本を集めたコーナーをつくるとき、その場所については考えました？

今野 うちはビジネス書と新書がひとつの棚で表裏になってるんですけど、その隣のフェア台にまとめました。入り口付近に並べることも考えたけど、ちょっとそういうものでもないかなと思って。

笈入 そんなのが入り口にあったら、品がないじゃないですか。

田中 やおい本とかと同じで、特定の人しか買わないもの。特定の人しか興味ないものを置いても、あんまり間口が広がんないよね。嫌いな人は目次を見ただけで、「なんかな」って思っちゃうし。

――チェーン店と独立系とでは、そのへんの対応が違うと思います？

配本を断っている
配本は断ることができる。その場合、必要な新刊書籍は書店員がみずから情報を集めて発注することになる。あたりまえのようで、多品種少量需要の書籍でそれをするには、書店員のウデがいる。だが、断っていても、「手違い」で配本が入ってくることもある。

田中　大きいチェーン店だと、「グループの看板を背負って、こういう本をどう扱うんだ？」という意識はあるかもしれない。町の本屋だと「取次から配本されたんだから、並べちゃえ」とか。そのへんの意識は違いますよね。

――大熊さんは「ヘイト本を置くのはイメージとしてどうかな？」なんて考えますか。

大熊　イメージ？　書店のですか。とくに考えたことはないですね。

――どんなところに並べているんですか？

大熊　やっぱり中高年のかたが多いので、そういうかたが好きそうな時代小説コーナーの近くとか。ビジネス書っていう感じではないので。かといって、新書として置くのも、ちょっと違うのかなと思ったりして。

――田中さんのところは、ヘイト本にＰＯＰ*を立てたりとかは？

田中　あんまりＰＯＰを立てるのは好きじゃないんで。なんとなく置いてある、みたいな。

――今野さんのところは？

今野　「集めました」とまではやらなかった。置くのはいいんだけど、かならず「それに対する反論的なものも置かないとおかしいじゃないですか」って言われるんですよ。そればっかり置いておくと、嫌韓一色になっちゃうんで。「そのなかに何冊でもいいから、反対する本も置いたほうがいいよ」という話をお客さんにされたんだけど、当時はそういう本があんまりなかった。これを置け、あれを置けと言われるけど、どれもこれも売れそうにないやつばかりで。難しいなって思いながら、結局、嫌韓本を置くことになっちゃう。

大熊 逆の本って、見たことないしなあ。

田中 嫌韓論の本はＰＯＰを書くのも難しいよね。そんなに韓国が憎いのかってことになっちゃうから。韓国の人とか中国の人はうちの地域に少ないから、そういう本が入荷してきてもことさら意識しなかったかな。ブームなんだなとは思ったけど。地域に中国の人とか韓国の人がたくさん住んでいれば、ちょっと考える部分もあるだろうけど。うちの担当者も、「あんまり嫌韓本一辺倒になるのもなんだから、このぐらいにしときましょう」ぐらいの気持ちで、そんなに真剣に考えてなかったんじゃないかな。

POP
ポップ広告、とも。購買時点広告（Point Of Purchase）の略。読まなければ中身がわからない書籍の商品特性上、簡潔な紹介媒体として書店店頭ではよく使われ、大きな売上につながることもあるが、あまりにも多くのＰＯＰが立っているとかえって全体の売上が下がることもある。

中高年男性の癒しとファンタジー

笈入　うちの店では嫌韓本を買う人が少ない。それほど売れない。本屋なんで、売れるものを一生懸命売らないとお店が成り立たないんですけど、売れるかという点で魅力を感じなかったんで積極的には仕入れなかった。それでも『ＷｉＬＬ』はけっこう売れたのかな。（毎号）一〇冊ぐらいですか。買っているのはおじいちゃんで、ネット右翼とはちょっと違う。おじいちゃんたちにとっては、ファンタジーみたいなものなんだと思う。気休めというか。

――癒しですか？

笈入　そう、癒し。

大熊　そうかもしれないですね。

――だから嫌韓反中本ブームのあと、すんなりと日本自賛本に流れていったわけですか。

今野　日本の優位性を主張することによって、日本に住んでる自分も優越感に浸るみたいな、そういうことはあるかもしれないね。

大熊　そうですね。

田中　たしかに、自画自賛する本がたくさん出てきたね。「日本も捨てたもんじゃない」みたいな本ばっか。

大熊　多いですね。たしかにファンタジー。

笈入　日本自賛本も、問い合わせてくるのは六十代ぐらいの男の人が多いんですよ。ぼくとしては、世の中の動きについて本を読んでいろいろ考えたいというお客さんにアピールしたい。そういう現象について考える本とか、こんな事件が起こってるっていうことをちゃんと掘り下げた本とかを置きたいと思っているんですけど、なかなか売れなさそうなんですよね。

今野　ビジネス書なんかでも、書名や内容がポジティブなもののほうが売れる。ネガティブな書名は売れません。（大ヒットした）『嫌われる勇気』（岸見一郎・古賀史健、ダイヤモンド社、二〇一三年）もやっぱりポジティブじゃないですか、なんとなく。『勇気がなくて嫌われる』なんてネガティブな書名だったら、たぶん売れてないと思うんですよね。

どの店でも売れるわけではなかった

――出版社から嫌韓反中本の積極的な案内はありました？

田中　FAX*はすごかったよね。

今野　FAXはすごい。でも、営業はまったく来ない。

大熊　出版社で嫌韓本をウリにしてるところって、あんまりないじゃないですか。売れてるから「じゃあ、うちも出そうかな」みたいなところばかりで。

笠入　熱心に営業してないっていうことでしょ？　取次に入れて終わり。それが薄利だからってことですよね。それなりに数も多いし。

今野　でも、嫌韓本ってほんとに売れた。売り手市場だったと思う。うちなんかでも一点で七〇〜八〇冊売れるタイトルがある。そうすると追っていくしかない。ほかのものも三〇冊とか二〇冊とかかならず売れるし。だから、(ある時期) ヘイト本だらけになっちゃったんですよ。強烈に売れたのがあって。

田中　よっぽど、そういうのが好きな人、多いんだね。

今野　(左系も多いが) じつは、右系のおじいさんも多い土地です。昔から住んでる。

——NET21は販売情報の共有化から始まった組織ですね。今野さんのとこでそれだけ売れてるんだったら、NET21で一括購入して共同でフェアを組もう、というふうに考えたことはありますか？

田中　扶桑社新書ぐらいだったよね、やったのは。結局、惨敗だったと思う。店によってばらつきがあった。売れてる店もあれば、そうでもない店もあった。売れないところはさっぱり売れてなかったから。どこでも売れるわけではなかったんだろうね。

——あるテーマがブームになると、取次は複数の本を集めてセット組のようにすることがありますが、ヘイト本に関しては？

今野　取次からはなんにもないですよね。

田中　無言の提案だよね。どんどん配本してくるんだから。

笈入　さすがにヘイト本でセット組はしなかったんじゃない？

大熊　イスラムのときはありましたけどね。セット組というか、「こういうのをちょっとつくったんですけど、どうでしょう？」ってリストが。

田中　取次からのリストはあったね、そういえば。イスラムもあったけど、ヘイト本でもあったよ。リストだったね。

FAX
出版業界では、商品案内から返品の了承、見積もりなどまで、いまでもファクシミリが大活躍している。商品案内が来すぎてうっとうしい、メールにしてほしい、という書店員もいれば、FAXでないとかえってめんどうという書店員もいて、出版社は少し悩ましいが、全国各地に営業担当者を送れない出版社にとって、一番受注につながりやすい広報方法となっているのが現状である。

新書はブームのきっかけになりやすい

――そろそろこのブームも終わりかなと実感したのはいつごろですか。

今野 イスラム国が大きな引き金になってるかも。

笈入 二〇一五年の頭ぐらいまでってことですよね。

田中 一月から二月にかけて日本人がイスラム国に処刑されて、そのまえぐらいからみんなそっちのほうに興味がいった。

――関心が移っちゃったってことですか。

今野 そういうことじゃないかな。

大熊 一月にパリでシャルリー・エブド襲撃事件もありましたしね。

――笈入さんのところは、イスラムに関する本は置いたんですか。

笈入 置きました。いまでも置いてます。政治に関係ある問題だなと思って。

田中 イスラムのことは意外と知らないものね。イスラムって言われてもピンと来ないもの。本お客さんに聞かれて、「じゃあ、イスラムで検索しますね」と言ったら、「イスラームだよ。本屋のくせに知らないの？ イスラムじゃないよ、イスラーム」って教えられた。書名にも「イスラム」って書いてあるんだけど、お客さんは「それは書名が間違っているんだ」って言うんだよ。「出版社のやつに言っといてくれ」と。

大熊　イスラーム関係は若い人も買ってますね。

――ヘイト本の客がイスラム本に移ったんじゃなくて、違う客層の人が買っている感じですか。

田中　安保法案（第三次安倍政権）があって、そのへんの論議があって、イスラムがあって。それなりにニュートラルなのが出たからね。

今野　（二〇一五年五月刊の）高橋源一郎の『ぼくらの民主主義なんだぜ』がすごくよく売れた。

――新聞の時評をまとめた朝日新書ですよね。新書がブームのきっかけつくることもある？

今野　なりやすいんじゃないですかね。新書は社会問題の先端をいっている感じはする。

中韓経済崩壊本は『ムー』と読者が重なる

笈入　嫌韓反中本って、経済の本も含むんですか。「中国経済もおしまいだ」っていう本は、昔から出ているじゃないですか。「中国は崩壊する」みたいな。ずっと続いてる。いまも出てるし、定期的に出ますよね。しかも、講談社のような大手からも。あれもよくわからない。ほかのヘイト本とまったくいっしょというわけじゃないけど、ちょっと独特の人たちが買ってる。ビジネス書としてもちょっと極端な感じ。

田中　ビジネスの実務では役にたたないもんね。

笈入　そうなんですよ。ちょっと眉唾っぽいような極端なビジネス書みたいな感じ。

――さっき、今野さんは、売れる本はどこかポジティブな要素があるって言ったけど、世の中には悲観論が好きな人もいる？

笈入　中国がだめになって、日本は勝ち残るみたいな本だから。

今野　日本人にとってはひじょうにポジティブな題材なんですよ。

田中　でも、いっしょに沈む気がするよね。

今野　いっしょに沈むって書いてあると、売れないんだよね、これが。

――冷静に考えたら、これだけ対中依存度が高い状態で中国経済が崩壊したら、影響ないわけないのだけど。

田中　日本もアメリカも沈んでっちゃうよね。

――「中韓の経済はもうだめだ」的な本を買う層も、やっぱり男性中高年ですか？

笈入　そう思います。女の人は買わないな。

田中　著者の名前で買う人たちなんじゃない？　そういう著者は講演会とかもけっこうやってるらしいし。そういうファンがいると思う。

笈入　ああいう経済書っぽい本を書く人は、講演が本業ですよ。株とか投資とか。

田中　でも、これを読んで株に役だつとは思えない内容だよね、ちょっと見るとインチキくさいね。でも、かならず売れる。

——そういうエキセントリックな経済書の著者の読者とヘイト本の読者って、似ているところがありますか。

今野　なんか、においが似てるっていうのは感じます。

田中　フリーメーソンの陰謀とか、ああいう話に説得力感じちゃう人。

大熊　ヘイト本とはちょっと違う気もしますけど、『ムー』とか好きな人が多いという気がしますね。

笈入　陰謀史観じゃないですか。

買う・買わないはお客さんが判断すること

——ヘイト本以外でも、書店が扱うことについて議論を呼ぶ本があります。たとえば『絶歌』*。ただ、殺人者が書いた本としては、過去には永山則夫*の本もありますし、佐川一政*の本もあります。見沢知廉*もそうでした。彼らのときは殺人犯が本を書くことについて、『絶歌』ほどの問題にはならなかった。みなさんのところでは、『絶歌』をどう扱いましたか?

田中　普通に売ったよね？

笈入　普通に売りましたよ。

今野　しっかり仕入れました。

大熊　はい。しっかり。

――お客さんからのクレームは？

今野　なかったですね。「なんでこんな本を置いてるんだ」とか言われなかった。

田中　事件の舞台になった関西のほうはどうかわかんないですけど。東京ではそんなに問題はなかった。でも、売らない店もあったね。

今野　啓文堂はすべて止めたんだよね。*

田中　取次の見計らい配本じゃなくて、出版社が書店への配本数を決める指定配本*だったね。

今野　ぼくなんか、曙橋にある太田出版（『絶歌』の出版元）まで取りに行きましたよ。密輸みたいにして持ってきた。「これ、ちょっといま、まずいんだよ」って。

田中　違法なもんじゃないけど、たしかにね。売らないっていう本屋が出たから話題になった。

大熊　印税の話も議論になりましたね。

田中　印税は著者のものになるのか、遺族への賠償金にするのかとか。置かないっていうお店も増えたから話題になったのかね、やっぱり。

『絶歌』
元少年A著、太田出版、二〇一五年。副題は「神戸連続児童殺傷事件」。一九九七年に発生した副題の事件（通称「酒鬼薔薇《さかきばら》事件」）の加害者による手記。販売の是非が大きな話題となり、とり扱わない書店もあった。もともとは幻冬舎で刊行予定だったとされる。

永山則夫
ながやまのりお。一九六八年から六九年にかけて発生した「連続ピストル射殺事件」の加害者。刑死者となるまで獄中で作家活動を続けた。『無知の涙』（合同出版、一九七一年）ほか、著作多数。

佐川一政
さがわいっせい。作家。一九八一年に発生した「パリ人肉事件」の加害者。事件について記した『霧の中』（話の特集社、一九八三年）ほか、著作多数。

見沢知廉
みさわちれん。新右翼活動家、作家。一九八二年に発生した「スパイ粛清事件」の実行犯のひとり。獄中で書かれた小説『天皇ごっこ』（第三書館、一九九五年）ほか、著作多数。

啓文堂はすべて止めた
東京の京王グループの書店、啓文堂書店は、被害者遺族の心情に配慮し、『絶歌』を一切とり扱わないという対応をとった。兵庫に本社を置く喜久屋書店も、のちに全店舗からこの本を撤去している。

今野　当初は幻冬舎から出る予定だったものが、見城さん*の紹介で太田出版から出ることになった経緯なんかが週刊誌で報じられてさらにもり上がっちゃった。幻冬舎が出せないと判断した理由のなかに、書店に置くのはどうなのかというのも含まれていると思うんですけどね。
――『絶歌』については、普通に置こうという感じですか。
今野　そうですね。買う買わないはお客さんが判断することだとぼくは思ってるんで。書店側でなにかをということはあまりしない。
――逆に、「さあ、これが話題の『絶歌』ですよ！」みたいな感じの陳列は？「啓文堂書店では買えません」とか。
今野　さすがにそういうふうにバーッと置いたりとかはしませんでした。
田中　置いとけば、それなりに自然に売れたね。

いちど出版しておいて、引っこめるのはおかしい

――第三書館の『イスラム・ヘイトか、風刺か』*のときはどうでしたか。
田中　話題なんでいちおう置いたけど。おれは、普通に平積みするのはちょっとあれだなと思って、目立たないところ、隅っこのほうに平積みした。ぜんぶ売れちゃったけどね。

――目立つところに置くのは躊躇《ちゅうちょ》する？

田中　クレームよりも、テロじゃないけど、なんかやられるのは怖いなと。スタッフが、「なんかあったらいやなんで」って、隅のほうに置いた。

今野　うちは置いてなかったかな。スタッフにまかせてたから。

指定配本
どの書店に何冊納品するかを出版社が決める配本方式。基本的には話題作を定期的に出すような、大手・中堅の出版社に認められている方式で、使える出版社はひと握り。実績と交渉しだいで、中小出版社でもまれにできることはある。

見城さん
見城徹。出版社・幻冬舎の創業者であり、代表取締役社長。元少年Aによる『絶歌』の原稿を太田出版に紹介した。伝説視される編集者のひとりであり、数々のベストセラーを送り出してきた人物であるが、近年は、安倍総理と〝組閣写真〟を撮ったり、自社書籍を批判した作家の出版を中止した人といった話題で名前が上がることが多い。

『イスラム・ヘイトか、風刺か』
第三書館編集部編、第三書館、二〇一五年。シャルリー・エブド襲撃事件のきっかけとなった、数々のイスラムをテーマとした風刺画をそのまま掲載し、日本国内のムスリムから抗議の声があがった。

田中　あの本を見ると、この程度で殺されたら割に合わないなっていう気がするよね。

大熊　そうですね。

田中　われわれはイスラム教じゃないから、そういう視点がない。ブッダでもキリストでも、面白おかしく書くぶんには別にだれもとがめないから。

――『絶歌』や『イスラム・ヘイトか、風刺か』は違法ではないけど、『福田君を殺して何になる』*は販売差し止めになったり、のちにそれが取り消されたりと、裁判のなかでいろんなことがあったじゃないですか。販売差し止めになると、書店はどう対応するんですか

今野　素直に店頭から撤去します。

田中　うちは別に置いといたりするな。撤去するものもありますよ。「これはやっぱりまずいな」っていうのは撤去するかもしれないし、「まあ、これは売ってもいいんじゃないの」と思うものは売りますね。

――書店の判断は司法の判断とは別ですか。

田中　いちおう、本の所有権はうちにあるから。内容を見て判断している。

今野　難しいところですね。販売差し止めだと返しちゃうことが多いかな。

――回収の返品要請は取次から来るんですか。

笈入　取次から来ますね。

大熊　田中さんは、販売差し止めじゃなくて、内容に間違いがありましたっていうときも回収には応じないんですか。

田中　誤字脱字とか乱丁・落丁の場合は返品するけど、内容に関して出版社から返品要請が来たときは返さない。内容を判断するのは読者だから。所有権はうちに移ってるし。「いちど出版しておいて、それを引っこめるのはおかしいんじゃないか。ふざけるな」とうちの父親が言ってて、おれもそうすることにしている。

――回収依頼ってよくあるんですか。

田中　誤字脱字とかも含めればけっこうあるよね、雑誌とか。

笈入　理由がわかんないんですよ。はっきり言わないから。

田中　何ページのどこどことか言わないんだよ。

笈入　それはスポンサーとの関係なのかな。

『福田君を殺して何になる』
増田美智子著、インシデンツ、二〇〇九年。副題は「光市母子殺害事件の陥穽」。犯行時は少年だった殺人事件の加害者の写真と本名を掲載したため、加害者本人から出版差し止めなどを求める訴訟が起こされた。裁判は出版社側の勝訴に終わっている。

田中　昔は回収理由を書いてきたけどね。いまはなんにも書かない。「内容に不備な点がありまして」みたいな感じ。書店には関係ないよね。

――回収に応じずに売ったら、ペナルティとかあるんですか。

今野　ないでしょうね。

――回収依頼を逆手にとって、「問題があって出版社から回収依頼が来ています、いまじゃないと手に入りません」みたいなことはやらない？

田中　面白い内容だったらやってもいいけど、内容のどこが間違えているのかわからないですからね。それがわかればいいかもしれない。

大熊　『週刊文春』が春画を載せたことで編集長が休養処分に*されて、そのときはお客さんから問い合わせがありましたね。

田中　そういうのは売っちゃっていいんだよね。

笈入　いいんじゃないですか。

女性客が多い店で「成人向け」は置けない

――わいせつ罪に関しては、書店員が逮捕されたことが何度かありますね。それもいわゆるエロ本専門店、ビニ本屋ではなく、一般の書店でも。一九九一年に有害コミック騒動*があったときは、書泉ブックマートの書店員が逮捕されました。そのあたり、書店の店頭では警戒はしてますか。

大熊　成人マークが付いている本は置かないので。東京都からのお手紙もいちおう、見ますけど。

田中　あれ、入ってくることないよね、めったにね。いつも有害図書の一覧を見て、「うちにはぜんぜん入ってきてないな」と思う。

大熊　うちは「これ、そうだったんだ」みたいなのけっこうありますけど。一回、指導も受けたことあって。ＢＬ（ボーイズ・ラブ）系のコミックですけど。分けて（区分陳列して）くださいっ

『週刊文春』が春画を載せたことで編集長が休養処分に
『週刊文春』二〇一五年一〇月八日号の巻末グラビアに葛飾北斎らの描いた春画を見開きで三点掲載したところ、わいせつというクレームが入り、当時の編集長が三か月の休養処分を受けた。

有害コミック騒動
一九八九年におきた宮﨑勤による「連続幼女誘拐殺人事件」をきっかけに、特定の漫画作品に対する規制を求める声があがり、それをめぐって賛否両論が巻き起こった。各地で「青少年保護育成条例」の強化につながった。

て言われた。あくまでも指導ですが。

今野　うちは、コミック店で成年コミックを置くようになりました。コミック専門店なんで、置かない選択肢はなかった。近くの成年コミックをたくさん置いてた書店がやめたんで。そういうこともあって、やっぱりどっかが引き継がないと。店長は置きたくないって言ったけど、「売上もそんなに上がんないし、ちょっとテストで成年コミックも置こうよ」という話をして。新しく入った店員にそういうスキルがあったんで、ちょっとやらせてみようと思って。ただ、いまのところあまり動いてないね。

田中　うちはコミック店（恭文堂コミッククラフト店。二〇一九年九月閉店）にちょっと置いてあります。本店のほうはぜんぜん置いてない。本店は駅前だし、やっぱり女性客が多いからね。女性が多い店は難しい。コミック店のほうは専門店なんで、網羅的に置く必要があるというか、成年コミックもあっていいかなと。でも、売上を見ると、そんなに売れてないですよ。

笈入　うちは置いてない。最初に店を出すとき、店舗が入っているマンションの管理組合でそういう話にしたみたい。明文化されてるので置けない。あんまり置きたいとも思わないですけど。場所も確保しにくいし。

――ちゃんと区分陳列してるかどうか、都の見まわりとかあるんですか。

田中　昔はあったね。区の教育委員会が来た。でも、最初だけでしばらく来てない。

今野　いまはないね。ここ、一五年以上来てないね。

――オリンピックに向けて、浄化されるんじゃないかとかいろいろ噂があるじゃないですか。それに向けて、書店組合などで対応しましょうとか、そういう話はないですか。

今野　いまのところないね。

営業に支障が出るのは怖い

――MARUZEN&ジュンク堂書店（MJ）渋谷店の騒動*は、どういうふうにご覧になってます？

笈入　ひとつ問題だなと思ったのは、現場の人がなんでも自由にツイートできること。大きい組織なのに、ちょっと危険すぎると思う。ガイドラインみたいなのがないとね。政治的な部分

MARUZEN&ジュンク堂書店渋谷店の騒動
二〇一五年、同店の書店員が非公式のアカウントから、開催していた「自由と民主主義のための必読書50」フェアを宣伝し、そこから続く一連のツイートが「政治的発言」として非難を浴びた騒動。店頭には脅迫電話もあり、フェアの撤去を余儀なくされた。のちに「中立に」商品を入れ替えたうえでフェアは再開された。撤去の指示は、店舗自身の判断ではなく、書店本部からともテナントからともいわれるが、憶測の域をでない。

の限度とか、お客さんのことは絶対に触れないとか、そういうのは必要ですよね。

田中　スタッフの数が多いから、責任がある人とない人と、幅広いからね。われわれの店みたいに、人数が少なくて、「おまえ、こんなことやってただろ」って直接言えるならいいけど、そうじゃないからな。難しいよね。

笈入　ただ、対応は過剰なような気がしますね。だって、フェアで並べていた本って、フェア以外のときも店のなかにあるわけでしょ？　ほとんどの本が往来堂にもありましたよ。なんでこんなんでギャーギャー言ってるのか、ぜんぜん理解ができなかった。それで過剰に反応しちゃうのもなんだか。

田中　なんか、なんでも過剰反応だよね、最近ね。

笈入　たしかに、店頭にワーワー集まられて、抗議活動されたらいやだなって思うけど。それだと思いますよ、（チェーン書店の）本部が恐れてるのは。

田中　店頭での対応が大変だろうなっていう部分だろうね。

笈入　騒ぎになったら営業に支障が出るというのが、いちばん。本の中身がどうっていうよりも、極端な連中がいるという認識があるんでしょ。そこが怖いんだよね。

——反応したことによって、むしろ話が大きくなったのでは。

田中　だいたい、みんなそうだよね。だれもとり上げなきゃ、それでスルーしておしまいになるもんね。口コミならいいけど、SNSって拡散の仕方が半端じゃないからね。恐ろしいことが起こると思う人もいるかもしれない。

今野　匿名だからな、ずるいよな。

――SNSでの評判は気になりますか。

田中　おれはぜんぜん、気にならないけどな。実際、買ってくれてないから。

大熊　変な話、あんまり本も売れないので、逆にそうやって、本の話題になったんだっていう気持ちもありましたね。

店が小さくたって、間口は狭めちゃだめ

――本の仕入れ・陳列をするとき、内容のバランスなどはどの程度気にしますか?

今野　ぼくはあんまり意識してない。文芸とか一般書の担当はぼくじゃなくなったんで。担当者は相当考えて意識してやってるのはわかりますね。

田中　担当者はバランスとってる。ちょっとまえだけど、糖質制限ダイエットって流行ったじゃないですか。糖質制限ダイエットが流行ってるのに、「糖質制限ダイエットは効かない」という本をわざわざ置いてあった。「売れてんの?」と聞いたら、「ぜんぜん、売れてないです

ね」って。そうか、売れてなくてもいちおう置いてんのかと思いながら。ある出版社の社長が、「八〇の正義があったとしても一〇〇の正義はない。そして、八〇の正義があれば二〇の正義もある」という話をしてて。ぼくもそうかなと思うし、普段からスタッフにもそういう話をしてるんで、そういうのでバランスはとってるのかなと思うんですけど。ぜんぜん売れないんだったら、置いてもしょうがないから、置かなくてもいいよって言えるけど、棚を見てるとバランスとってるんだろうね。ぼくは別に気にしてないけど。

大熊　うちも、売れるものを売れるだけ、というのもありますけど、実用書とかはあんまり傾かないようにっていうか。スポーツでいえば、たとえば野球が人気だからといって、野球ばっかりになっちゃうんじゃなくて、そこはバランスよくとは考えていますけど。こういう本（ヘイト本）に関してはあんまり考えてない。

笈入　バランスありきではやってないですね。基本的には「ひとつの問題に対して両方の見方がある」ということを品ぞろえで表現したいとは思う。でもそれは売上につながりにくいですね。たとえば自己啓発の本って、手を替え品を替えいっぱい出てるじゃないですか。そこに「自己啓発ってどうなの?」みたいな本を置いたら、買う気をそいじゃう。プロクターの『健康帝国ナチス』（草思社、二〇〇三年）とか、牧野智和の『日常に侵入する自己啓発』（勁草書房、二〇一五年）とか、そういう本を置いたら、「ジョコビッチは『生まれ変わる』って言ってたけど

（『ジョコビッチの生まれ変わる食事』三五館、二〇一五年）、そんなのだめなんだな」ってなるじゃないですか。いっしょに置いたらいいっていうもんでもない。売れなくちゃしょうがないんで。店のなかのどっかにはあるようにはしたいんですけど。政治的にはあんまりバランスがとれてないですね、うちは。

――書店の立地にもよると思うんですよね。その町で一軒だけの本屋だったら、慎重にバランスを考えないといけないかもしれないけど、東京のようにいろんな書店がある大都市なら、それぞれの店が偏っててもいいと思うし。

笈入　基本的に、NET21に参加しているような町の本屋って、お客さんを選ばないというのが前提だと思うんですよね。実用書もあんまりテイストを限っちゃうと、「ここはわたしの（行く）店じゃない」と思われちゃうじゃないですか。それが怖いっていうか、それをやっちゃうとダメなんだろうなと思って。政治的にどうのっていうことのまえに。

――間口を狭めないということですか。

笈入　店が小さくたって、間口は狭めちゃだめ。おしゃれな売り場をつくって瞬間的に売れたとしても、たぶんそれは続かない。それは、商売としていちばん怖い。日本自賛本が好きなおじいちゃんも来れるし、SEALDsに共感している人も来れる店のほうがいいかなと。お客さんを選ぶ店が最近多いので。この先、おじさんになると、「ここはおいらの店じゃない」って思うことが増えると思うんですよ。そういう店になっちゃうとだめじゃないですか。そこに、難しいけど、たぶん本屋としての意義があるのかな。やりにくい時代なんですけど。本の数も多いし、効率も下がっていくから。一見、お客さんを選んじゃったほうが効率が上がるかとも思うんだけど、そこは商売として危険な気がしますね。

今野　圧倒的に普通のお客さんが多いわけだよね。その普通のお客さんっていうのは、安定性を求めてて、あんまりとんがってるところには行かない。普通を求めて、安定性を求めているお客さんにベースをしっかりおいたうえで、少し提案したりするっていうのがだいじなのかと思います。お客さんはサイレント・マイノリティの集合だからね。なにも言わないで買いに来るけど、なにも言わないで買いに来なくなっちゃう。

チェーン書店——個人の意思だけでは決められない

NET21のみなさんの話を聞いて、中小の独立系書店がヘイト本をどのように扱っているのか、現場の感覚を知ることができた。

チェーン店ではどうなのだろう。書店の淘汰が進んで書店数が激減するなか、相対的にチェーン店の販売力が増している。チェーン店の合併や取次の子会社化なども進んでいる。チェーン店で本がどのように売られているのかを確かめよう。

すべてがオートマチック——某大手チェーン本部の場合

まずは大手ナショナルチェーン本部に勤務経験のあるSさんに話を聞いた。チェーン本部の役割は、店舗の運営や商品の仕入れ、陳列方法の指導、イベント企画など多岐にわたる。

Sさんがいた書店の場合、本部の仕入れ責任者や店舗指導者が個々の書籍・雑誌について店舗ごとに細かく見ることはほとんどないという。だから、たとえばヘイト本についても、本部から各店に「この本は売れそうだから、売り場の目立つところに並べるように」と指示するようなことは基本的にない。本部が見るのはあくまで全体的な数字であり、全体的な傾向である。

チェーン書店といっても、それぞれの店舗は多種多様だ。直営の店もあればＦＣ（フランチャイズ）の店もある。都心の大型店もあれば、地方の郊外店もある。それぞれの規模や立地条件に応じてどの本をどの店舗に何冊配本するかが決まるが、実際はその書店チェーンと取引する取次が決めているといってもいい。

「本部が個々のタイトルについて関知するケースは一割にも満たないと思います」とＳさんは言う。

したがって、本部の指示に従って各店が積極的にヘイト本を売るということはなかった。あるいは、「できなかった」というべきだろうか。

だが、それはヘイト本を置かないということではない。Ｓさんがいたのは徹底的なランキング重視の書店チェーンである。ランキング上位の書籍については、品切れすることがないよう注意を払う。ランキングの何位までフォローするかは店舗の規模などによって決まる。Ｓさんによると、書籍・雑誌の売り場が二〇〇坪の店なら上位三〇位ぐらいまでのタイトルが並べられ、売れると補充される。このなかにヘイト本があれば、それも自動的に入ることになる。すべてがオートマチックだ。店舗の現場の声はあまり反映されないし、現場が出版社や取次に発注することを禁じている店舗もあったという。

「わたしが在籍していたときは取次が返品率を下げることに懸命*だった時期で、売上を落としてでも返品率を下げろという指示でした。それもあって、在庫増と返品率上昇につながるので売り場では発注しないようにと言われる。実際にそれで売上が下がった。発注もできないのだから仕事は面白くない」

「あの店に書店員はいません。いるのは作業員だけです」というSさんのことばが印象的だ。店舗からの要望も、売れ筋商品を確保してほしいというものがほとんどで、個々の本の内容に関してつっこんだものはなかった。

売れるものを売るのが売り場の原則で、商品の内容に関する倫理はない、とSさんはいう。多くの書店チェーンがポイントカードをもとに膨大な購買データをもっている。「商品Aを

取次が返品率を下げることに懸命

返品の増大が流通コスト増を招くことから、取次にとって返品抑制は大きな課題である。チェーン店を対象に、一定以下の返品率に抑えた書店に報奨金を支払っている取次もある。その施策が導入されたばかりのころ、書店では「本を売るよりも返品を抑えたほうが儲かる」という声もあった。

買った人は商品Bも買うことが多い」というような傾向も把握できるはずだ。しかしSさんの在籍中には、そこまで高度な分析とそれに基づいた配本や陳列の指示はなく、年齢層を中心にした店舗ごとの客層の分析と、それに最適化された配本がある程度だったという。

どう扱うかは各店にまかされる――あゆみBOOKSの場合

あゆみBOOKSはシャノアールやカフェ・ベローチェを展開するカフェチェーン、(株)シャノアールのグループ会社だったが、二〇一五年、取次の日販(日本出版販売)に営業譲渡され、二〇一八年には、同じく日販傘下のリブロ、万田商事(オリオン書房)と合併した。屋号は変えずに、東京を中心とした首都圏および宮城県に展開する。そのなかでも地下鉄早稲田駅近くにある早稲田店は、早稲田大学のすぐ近くということもあり、人文書に強い独特の品ぞろえで知られる。寺田俊一郎さんは二〇一二年から店長をつとめる(当時)。話を聞いたのは日販の子会社となって間もない、二〇一六年二月だ。

「ヘイト本の売れ行きは?」と聞くと、

「まったく売れません。そもそも配本がない。配本はあっても一冊か二冊ですし、置いても売れません。以前、問い合わせがあったので、売れるかもしれないと思って少し目立つところに置いてみましたが、まったく反応がありません」と言う。

早稲田店の客層は五割から七割が学生だ。学生はヘイト本にほとんど関心をもっていない。寺田さんはビジネス街の店舗にも勤務したことがあるが、そこでもほとんど売れなかった。NET21の座談会と合わせて考えると、ヘイト本はかなり狭い年齢層の読者に支えられているのかもしれない。

『JAPAN CLASS』（東邦出版）など日本を自画自賛する雑誌は売れているという。『SAPIO』や『正論』、『WiLL』などの雑誌も。ただし、こちらの客層も五十代以上がほとんどだ。こうした自画自賛雑誌や右派系の雑誌を買う人は新聞広告の切り抜きを持ってくる人が多いともいう。新聞を購読している層と重なるのかもしれない。

『イスラム・ヘイトか、風刺か』はよく売れた。ほかで売っておらず、「ここにはあるから」という理由からだ。メディアの取材依頼もたくさん来たが、本部に確認すると「取材には応じないように」とのことだった。だが本を売ることについては、各店の自由。同書に限らず、世間で騒がれる本でも、どう扱うかは各店にまかされている。

「『絶歌』についても、最初はとくに指示もなかったのですが、途中からシュリンク（ビニール）パックして売るようにという指示がありました。けっこう売れましたね」

ヘイト本が入荷してきたときは、両論併記というか、反対側の主張の本も並べて置くようにしていた。すると、ヘイト本ではなくアンチ・ヘイト本のほうがよく売れるのだという。その結果、どうしても店頭からヘイト本は「売れない本」として駆逐されていくことになる。

早稲田店の入り口脇の壁面は、わたしが読みたくなる本がずらりと並んでいる。この店の顔といってもいい。選書は店長がする。ここにどのような本を並べるのか、とくに教育や指導があったわけではない。先輩社員の背中を見るようにして覚えていった、と寺田さんは言う。

この棚から意図的にヘイト本を排除しているわけではない。たんに売れないから並べていないだけだ。

「以前、『こんないい本を、どうしてもっと目立つところに置かないんだ』とお客さんに言われたことがあります。ケント・ギルバートの本でしたが。ためしに前のほうに置いてみましたが、やっぱり売れませんでした」

ヘイト本を積極的に売らないのは、「売りたくないという気持ちが無意識的にあるからかもしれない」と自己分析しつつも、「売れないものをむりやり推しても浮くだけだし」と苦笑する。

ＭＪ渋谷店の民主主義フェアが話題になったとき（65ページ注参照）も、本部からとくに指示はなかった。ただし、朝日新聞が取材に来たときは、「匿名にしてほしい」と答えたという。

なお、二〇一八年一二月、「あゆみＢＯＯＫＳ早稲田店」は「文禄堂早稲田店」としてリニューアルオープンしている。

書店人としての意見を旗幟鮮明にする——ジュンク堂書店・福嶋聡の場合

まえがきで触れた福嶋聡の「言論のアリーナ」論について考えてみよう。

ヘイト本と書店との関係について述べた文章でもっともすぐれたものは、福嶋聡『書店と民主主義——言論のアリーナのために』（人文書院、二〇一六年）である。この本の帯には〈氾濫するヘイト本、ブックフェア中止問題など、いま本をつくり、売る者には覚悟が問われている。書店界の名物店長による現場からのレポート、緊急出版〉とある。書店がヘイト本をどう扱うべきか、こうしたものにどう臨むべきかは、この本で語りつくされている。

福嶋の主張は明快だ。副題が示すように、書店は「言論のアリーナ」であるべし。アリーナとは闘技場のことである。古代ローマの円形闘技場だ。闘技場を囲むようにして観客席が設けられている。衆人環視のもとくり広げられるバトル。真剣勝負であり、エンターテインメントでもある。ボクシングやプロレスであればリング、相撲なら土俵か。東京の西武新宿線沿線には、店内でプロレスを見せる書店があるけれども……。

「書店＝アリーナ」論は、「ひとつの立場の本を置くなら、それに反対する立場の本も並べるべきだ」という主張とは少し違う。アリーナはたんに両論併記の舞台ではない。また、多様な意見の本を並べて、自分たちは中立だというのでもない。（店舗や会社としてはともかく）書店人としての意見を旗幟《きし》鮮明にしつつ、異なる意見の本も置くのである。平台の上で本と本が壮絶なバトルをくり広げるようにする。

福嶋聡はこの本で、『NOヘイト！』*についで触れながら、つぎのように述べている。

書店員は、どうすればよいのだろう？「ヘイト本」など売りたくないと思うなら、自らの信念に従って速やかに書棚から外すべきなのか？だが、ただでさえ売上が落ちている中で、実際に売れている本を書棚から外すのは難しい。何より、「自らの信念に適う本」のみで店舗を形成・維持することのできる書店員は、まずいない。

といって、その基準を外に求め、法規制などを望むのは、ものごとをますますおかしくする。外的な権威による規制の導入は、差し当たっては強力な援軍になったとしても、必ず諸刃の剣として、自分に返ってくる。（『書店と民主主義』p.3）

それは、単純に、判断を読者（消費者）にゆだねるということではない。自分とは違う意見の本を読むことで、自分も強くなる。ヘイト本やヘイトスピーチに反対する者は、ヘイト本を読むことで、ヘイト本を批判する力も強まるだろう。敵を論破するために敵の本を読む。まあ、敵にカネが渡るのはちょっといやだけれども。

そして、ある言説を批判しようとすれば、相手の言っていること、書いていること、考えていることを知らなければならないのは当然である。その影響がどのような形で、どのような大きさで現れているかを知ることも必要である。対抗する思想を載せた書物を抹殺・排除することは、有効な反論をむしろ不可能にし、そうした思想を持つ人、共鳴する人が実際にいるという事実を隠しつつ温存してしまう。本を出す《パブリッシュ》ということは、公の場《パブリック》に出てくること、議論をぶつけ合う闘技場《アリーナ》に出て来てくれるということなのだ。批判する側にとって、むしろ歓迎すべきことなのである。（同 p.6）

『NO ヘイト！』
ヘイトスピーチと排外主義に加担しない出版関係者の会編、ころから、二〇一四年。副題は「出版の製造者責任を考える」。商業出版としてはおそらくはじめて反「ヘイト本」をテーマとした書籍。ころからは二〇一五年にも『さらば、ヘイト本！』（大泉実成、加藤直樹、木村元彦著）という書籍を刊行している。

わたしも福嶋の意見に心から賛同する。ひとりの客として、読者として、このような書店で本を買いたいと思う。もしもわたしが書店員になることがあったら（あるいは書店を経営することがあったら）、このような店にしたいと思う。

クレームへの対応──「アリーナとしての書店」の困難❶

だが、長く出版業界を取材してきたライターとしては、そして、とりわけ地方も含めてさまざまな書店を取材してきたライターとしては、このような理想を現実化するのは、並大抵のことではないとも思う。

まずそれには、相当な胆力がいる。うんざりするようなクレームにも対処しなければならない。

この本のなかで福嶋は、店長をつとめるジュンク堂書店難波店の人文書コーナーエンド台でおこなったフェアについて書いている。題して「店長本気の一押し！　Ｓｔｏｐ!!　ヘイトスピーチ、ヘイト本」。「エンド台」というのは、書棚の端の平台になった部分のこと。新刊台やイベント台ほど広くはないが、十数点程度の本を平積みできる。福嶋の『書店と民主主義』のカバーにある写真にそれが写っている。

フェアには賛同する声があった一方で「クレーム」の電話もあった。

まず女性、その後で男性から電話がかかってきた。クレームの内容はほぼ同じ。なぜ「店長本気の一押し！　Ｓｔｏｐ!!　ヘイトスピーチ、ヘイト本」などというフェアをしているのだ？　そしてそれを堂々と写真つきでホームページに載せているのだ？　お前は、朝鮮人や中国人の味方なのか？　そもそもヘイト本とは、どの本を指して言っているのか？　朝鮮や中国は日本を侵略しようとしている、という主張も共通していた。（同　p.42）

こうした電話に福嶋はていねいに応対する。フェアの意図を説明し、「朝鮮や中国は日本を侵略しようとしている」などということは信じられないと断言し、フェアを中止したりサイトから削除するつもりはないと明言する。クレームの電話は切られる。

クレームに対して誠実に、なおかつ堂々と対応するためには、それなりの胆力と経験が必要だ。わたしも書店員だったころ、理不尽なクレーマーに遭遇したことがあるが、心臓がドキドキして、胃がせり上がってくるようで、声はうわずり、おどおどしてしまった。「福嶋さんは若いころ芝居をやっていたから、舞台に立つ度胸もあるし、頭もいいから理路整然と言いたいことを言えるんだよなあ」などとつぶやきたくなるが、それはさておき、仕事をしていて、客からのクレームというのはいやなものだ。できるなら避けたいと思う人も多いだろう。福嶋のようにはできないという書店員を責めるのは酷だとも思う。ちなみにわたしが書店員だったとき、当時の上司は、客からのクレームを受けたあと、かならずトイレにこもった。ストレスで下痢するたちだったのだ。

もちろん、「書店員なんだからそれくらいのクレームは覚悟して、堂々とやればいいではないか」というのは正論だ。だがその場合は、周囲がどれくらい支えられるかも重要だと思う。ふだんから「アリーナとしての書店」をつくろうという空気が社内にあり、経営者やスタッフにもそれを支える気概がなければ、一部の跳ね上がり店員のデモンストレーションに見られてしまう。クレームが来たとたん、「ほら見たことか」なんて陰口たたく同僚がいるような書店ではアリーナなんて難しい。その意味では、ヘイト本をどう扱うかという問題は、書店という職場の組織がどうあるべきかという問題も含んでいる。

「書店員の仕事」ができない――「アリーナとしての書店」の困難❷

アリーナであるためには、多様な本が並べられなければならない。売れ筋のヘイト本はふんだんに入荷してくるとしても、カウンターとなる本をどうやってそろえるかという課題もある。

ヘイト本に対抗するような本はたくさんある。在日コリアンについての研究書や、アジア太平洋戦争についての研究書、日中・日韓・日朝の関係についての研究書など、むしろタイトル数ではヘイト本よりも多いだろう。

ただ、それを仕入れるとなると、ちょっとハードルがある。福嶋が店長をつとめるジュンク堂難波店なら、ほとんどの本がふだんから棚にあるだろう。それをエンド台に移すだけでいい。しかし通常はそうした専門的な本、ちょっと堅めの人文書などを在庫していない書店の場合は、ひとつひとつ取次や出版社に注文しなければならない。注文した本は売り切るのが原則*だが、そうした本はなかなか売れないだろう。売れ残りが予想される。発注するときに、アンチ・ヘイトのフェアをやりたいので売れ残ったときは返品してもいいという条件で出荷してくれないかと交渉しなければならない。

書店員の仕事とは、売りたい本を見つけて仕入れ、店頭に並べ、客に知らせ、売ることであ

注文した本は売り切るのが原則
書籍は新刊配本などの委託や常備寄託（125ページ注参照）以外は、ルール上は買い切り——取次などが出している流通入門でもそう書かれているが、じっさいの運用はそうなってはおらず、たいていの出版社は返品を受け入れているし、取次もそれを事実上認めている。

る。だからアンチ・ヘイト本を探し、仕入れ交渉をして並べるのは、書店員としてすべき仕事、基本中の基本みたいなものなのだが……現実問題としてはなかなか難しい。まず、人手不足、時間不足である。出版不況がはじまるのは一九九七年からだが、書店経営者たちは売上の縮小をコスト削減で乗りきろうとした。いちばん簡単なのは人件費削減、つまり人減らしだ。ナショナルチェーンやリージョナルチェーンの一部では、中堅社員の退職勧奨がおこなわれ、正社員からパート・アルバイトへの置き換えも進んだ。ひとりが数店舗の店長を兼任するチェーン店も珍しくない。そうした書店では、フェアを企画したり、選書・発注・取引条件交渉などをする権限をもつスタッフがいないこともある。

アリーナを成り立たせるには、さまざまな条件を満たしていかなければならない。

もちろん福嶋もそんなことはわかっている。『書店と民主主義』の序でも、「新刊配本に対して、多くの場合書店員は受け身であり、入ってきた本をとりあえず並べる。店に在庫する冊数や展示場所は、売れ行きに左右される。その結果である書棚の風景は書店員の志向に沿っているとは限らず、書店員は時に大きな違和感を覚える」(p.2)といい、先にも引用したように「何より、『自らの信念に適う本』のみで店舗を形成・維持することのできる書店員は、まずいない」(p.3)といっている。

したがって、実際には、「アリーナとしての書店」を理想としつつ、それぞれがおかれている状況を出発点としながら、書店組織内ではその理想に共感し支援してくれる経営者と同僚をつくり、外に向けては企画とその実現、そしてクレーム対応のスキルを磨かなければならないという、なかなか大変なことなのだ。やりがいはあるけれども、気力・胆力・体力が必要だ。

どんな本も積極的に排除はしない——某大手書店の場合

大手チェーン店に勤務するKさんに会った。Kさんは、名前も勤務先も肩書きも出さないこと、録音をせずメモもとらないことを条件に話してくれた。

Kさんの職場では、たとえ社会的に物議を醸《かも》したような本であっても、流通は止めない、つまり店頭から積極的に排除しないというのが通常だという。もっとも、それが「流通の自由なくして表現の自由なし」といった、出版と書店についての原理原則から導かれたものなのかどうかは、わからない。というのも、流通を止めることによって、かえってメディアなどで話題になることを恐れているからとも考えられる。書店としての社会的責任という意識はある。だから過激な主張のものは目立つところに置かないというのが不文律だという。しかしそれは、みずからの社会的影響力を考えての自制なのか、それともある種の「事なかれ主義」なのか、境界線を引くのは難しい。

Kさんも福嶋の「書店＝アリーナ」論に賛意を示す。すばらしいことだという。だが、それと同時に、福嶋は前衛であり、自分は中衛もしくは後衛なのだという言い方をする。先頭立って主張する立場ではないが、後方から支援したい、言論の補給部隊的な立ち位置をとりたい、ということだろうか。

「福嶋さんは前衛だから」ということばには「福嶋さんだから言えるのだ（わたしは言えない）」というニュアンスも含まれているように感じる。たしかに福嶋は大型店の店長であるし、出版界でよく知られた人である。著作も多く、「WEB論座」の執筆陣のひとりでもある。くだんの『書店と民主主義』にしても、帯には「書店界の名物店長による現場からのレポート」とある。若い世代の目には、思うまま発言できる特権的な人だと映るのだろうか。

逆にいうと、「書店界の名物店長」でなければ、まっとうなことが言いにくい雰囲気が、Kさんの職場、あるいは書店界・出版界にあるということではないか。

Kさんの話で印象的だったのは、「ヘイト本は目立たせず、排除もせず、できるだけ意識させないようにしている」ということばだった。福嶋の「アリーナとしての書店」とは正反対の方法である。福嶋のアリーナ論は「目立たせ、できるだけ意識させる」のだから。

Kさん自身も、ヘイト本には嫌悪を抱いているようだった。だから、売れているからといって、ブームに棹《さお》さすように展開はしたくない。だから「目立たせず」だ。これは「売れているものを売り伸ばし、死に筋を見つけてすばやく切る」が鉄則とされる書店界では、セオリーを無視した行動といえる。書店員として正しいかはともかく、アンチ・ヘイトとしては、高度なやり方である。

だからアンチ・ヘイト本の扱い方についても周到だ。ヘイト本とは逆に、できるだけ目につくところに置くが、その意図がヘイト本の擁護者に知られてネットなどで叩かれると厄介なので、できるだけさりげなく置くというのだ。

こうした「アンチ・ヘイト隠密工作員」的な動きは、Kさんが経営者でも店長でもないからできることなのかもしれない。売上縮小に悩んでいる経営者のなかには、「ヘイト本であろうとなんであろうと、一冊でも多く売れてほしい」と切実に思っている人もいるだろう。また、そうした経営者のなかには、福嶋の「書店＝アリーナ」論も、「それで話題になって来店客が増え、売上も上がれば万々歳」と考える人もいるかもしれない。

いずれも間違っているとはいわない。以前に聞いた、筑摩書房の菊池明郎元社長の話を思い出した。筑摩書房が『金持ち父さん 貧乏父さん』（ロバート・キヨサキ、二〇〇〇年）という財テク本をヒットさせたときのこと、同社ＯＢの息子を名乗る人から、父はこんな本を出すために筑摩書房で働いたのではない、といった趣旨の手紙が届いたのだという。菊池社長は「わたしには一〇〇人の社員とその家族を食べさせていく責任がありますから」と答えたそうだ。

本屋にとってなにをどう売るかは、経営に直結する。お金だけのために本屋をやっているわけではないが、お金がなければ本屋は続けられない。売れているものを（あまり）売らないというのは、経営者にとってはけっこう大変なことなのである。

それでも書店にはアリーナを目指してほしい。カネのためにだれかを不幸にするのは耐えられない。

出版取次——まったくの透明な装置

まえがきでも触れたように、本が読者に届くまでにはさまざまなルートがあるが、流通量がいちばん多いのは「通常ルート」と呼ばれる〈出版社→取次→書店〉というルートである。以前は「正常ルート」と呼んだが、「じゃあ、このルート以外は〝異常〟なのか」という声もあって「通常ルート」と呼ぶようになった。もっとも、「正常」であれ「通常」であれ、それ以外のルートを異端視する点ではあまり変わらない。

それ以外のルートとは、たとえば出版社が書店に直接卸すルートだったり、出版社が読者に直接販売するルートだったり。新聞社の出版局や新聞社系の出版社（朝日新聞出版や毎日新聞出版）の書籍や雑誌、ムックは、新聞販売店から読者に販売されることもある。

取次というのは出版販売会社で、出版社が刊行した本を書店に取り次ぐ。教育関連に特化した日教販（旧社名は日本教科図書販売）や、〝神田村〟と呼ばれる、神田神保町に集まる小規模な取次や専門分野に強い取次、そして全ジャンルを扱う総合取次がある。そのなかでシェア率において圧倒的に高いのが、総合取次の日販（日本出版販売）とトーハン（旧社名は東京出版販売）、そして経営不振に陥った大阪屋と経営破綻した栗田出版販売が合体した大阪屋栗田（以降ＯａＫ。二〇一九年一一月より楽天ブックスネットワークに社名変更）の三社である。なんにせよ、新刊書店に並んでいる本のほとんどは、取次を通して入荷する。

出版社と書店のあいだを〝取り次ぐ〟会社

書店ではしばしば取次のことを「問屋」という。たとえば客から問い合わせや注文を受けたとき「問屋に在庫があれば」「問屋から入ってくるのが」といった言い方をする。しかし、これは取次という存在が一般には説明しにくいところがあるので、便宜的に「問屋」と言っているだけで、書店員同士の会話では「取次」という。また、取次に勤務する人は、「取次」よりもむしろ「出版販売会社」「販売会社」という言い方をすることが多い。つまり、同じ業態でも「問屋」「取次」「販売会社」と三つか四つの呼び方があり、ニュアンスが若干違う。

なぜ「問屋」でなく「取次」なのかというと、書籍や雑誌を仕入れて販売するのではなく、あくまで出版社と書店のあいだを〝取り次ぐ〟ものだからである。他業界の問屋は仕入れる。「これは一万個ぐらい売れるだろう」と判断するチョコレートがあれば、メーカーから一万個仕入れて、スーパーマーケットや菓子店などに卸す。売れ残るリスクも背負うが、大量に仕入れてメーカーにディスカウントを迫り、利益を大きくするリターンもある。ハイリスク・ハイリターンなのが問屋である。

一方、取次はあくまで、メーカーである出版社と小売店である書店を取り次ぐだけ。ローリスク・ローリターンな商売ともいえる。

ただし、取次には「仕入」と呼ばれる仕事、部署がある。出版社は本をつくると、見本を取次の仕入窓口に持っていく。そしてこの本を何冊ぐらい、どんな条件で扱うのかを交渉する。だから一般の問屋の仕入れと同じことを指すと勘違いしがちだが、すでに取引関係のある出版社の新刊を、取次が「これは扱わない」と判断することはまずない。あるとすれば、刑法一七五条（わいせつ物頒布）など法律に抵触すると思われる場合などで、ごくごく例外的だ。このへんの事情については、以前、拙著『誰がタブーをつくるのか』（河出ブックス、二〇一四年）に書いた。

取次は出版社がつくった本を書店に卸す。どの書店に何冊ずつ卸すかは、その取次が扱う部数と、書店の規模・立地条件・実績などによって決まる。扱い部数が多い本は大型店から町の小さな書店まであまねく配本されるが、扱い部数が少ない本は大型店など一部の書店にしか配本されない。ここまでは、先にも説明したとおりだ。

書店の経営者や従業員は、自店に並べる本をどの程度まで自由に決められるのだろうか。本の流通システムを考えると、その裁量は意外と小さなものかもしれない。その規模・立地条件・実績によって、あらかじめ入荷してくる本が決まっているのなら、書店はその範囲のなかでしか店頭に並べる本を選択できないことになるからだ。

これは「書店には〝仕入れて売る〟という概念が存在しない」という言い方にもつながる。本当は極端な言い方をすると、書店は明日どんな本が入ってくるのかわからない商売である。本当はそんなことないのだが、まあ、どんな本が入ってくるのかわからなくてもやっていける商売ではある。なぜなら、取次が配本を決めているからだ。大きな書店にはいろんな本をたくさん、小さな書店には少しの種類の本を少しずつ。

じゃあ、書店の品ぞろえは取次が決めているのか、と言いたくなるが、そんなことはない。まず、本が配本されてもそれを置く置かないは書店の自由だ。入荷してきても、箱を開けた瞬間に「この本は置かない」と判断して、店頭に出ることなく返品（＝即返）される本もある。

また、書店経営者座談会で往来堂の笈入さんが言っていたように（44ページ）、取次に配本をまかせるのではなく、注文した本だけを仕入れて並べる書店もあるし、もちろん配本されない本を注文して仕入れることもできる。だが、圧倒的に多くの書店は（そして出版社も）、取次による配本にまかせているのが実態だ。

では、個々の本の仕入れ（とり扱い）と配本について、取次はどのように関与しているのだろうか。とりわけヘイト本についてはどうだったのだろうか。取次が積極的にヘイト本の販売促進をするようなことはあったのだろうか。

「出版社がつくった初版部数を基本、信頼はする」

大手取次に在籍経験があるOさんに聞いた。Oさんは大型店や大手チェーン店を担当してきた。

まず、取次は書籍の扱い部数をどのように決めているのだろうか。その本の内容なのか、著者の知名度や経歴なのか、あるいは出版社の知名度や規模なのか。

「基本的には初版発行部数で決まります」とOさんは言う。

たとえば初版一万部の書籍をつくったとする。出版社の営業担当者は、取次の仕入窓口に見本を持って交渉に行く。日販、トーハン、OaKと、規模の大きい順に、扱う部数が決まっていく。一万部のうち、たとえば日販に三〇〇〇部、トーハンに二五〇〇部、OaKに一〇〇〇部で、残りは神田村、そして出版社が書店や読者からの注文対応用にストックしておく。

そこでは、本の内容や著者の経歴などは過去実績から考慮されるが、初版部数は決定要素として大きい（ただし最近は減数基調ではある）。

なぜなら、出版社もよく考えて初版部数を決定しているからだ。たくさん売るには、ある程度の部数をつくり、より多くの書店に並べる必要がある。近年の出版界は過剰生産ぎみで、新刊書が店頭から消えるのも早い。「小さく産んで、大きく育てる」というのは難しい。かといって、つくりすぎると返品の山となる。ここ数年、書籍の平均返品率（金額ベース）は約四割だ。

「過大な初版部数であるとか、実際は一万部しかつくっていないのに、仕入窓口では三万部つくったと嘘を言うとか、考えられなくはないけれども、長期的に考えるとなんのメリットもない。だから出版社がつくった部数を基本、信頼はする」とOさんは言う。

出版社と取次のつきあいは、その本だけでは終わらない。これまでつきあいがあったように、これからもつきあいがある。仮に一万部しかつくっていないのに三万部つくったと嘘を言い、五〇〇〇部をひとつの取次から配本しても、四〇〇〇部が返品されれば、出版社には嘘をついたメリットはないし、取次には「そういう出版社」という烙印を押されてしまう（厳密には、五〇〇〇部分の入金が一時的にあるので、メリット皆無ではないが、返品があるとその分は返金しなければならず、いわばクレジットカードのキャッシングのような意味しかない）。

売れる本は、たくさんつくられ、たくさんの書店に並び、そうではない本はそれなりに。

「そもそも、ヘイト本のブームなんてありましたっけ？」

特定の本を取次が書店に対して積極的に推すということもほとんどない、とOさんは言う。

「あるとすれば、春になると辞書や学習参考書を並べましょうとか、夏休みまえの課題図書とか、そういうカレンダーにしたがって例年のようにおこなわれるもの。特定のジャンルの本について取次がキャンペーンすることはない」

特定のジャンルについて、出版社横断的に書店店頭での販売促進をやろうとしても、出版社の足並みがそろわないのではないかとOさんは苦笑する。

そりゃそうだ。「〇〇書フェア」なんていうのを取次が音頭をとって全国の書店で展開しようとしても、出版社の顔ぶれがそろわなかったり、イベントに必要なお金も、すんなり出すところと出し渋るところがあったり、あるいは「わが社より先にA社に声をかけたのは許せない」などとつまらないメンツにこだわったり（実際にあった話だ）。出版社の経営者や幹部は一国一城の主という意識が強いから、共同でなにかをするのが苦手だ。

したがって、ヘイト本についても、取次が「そうだ、嫌韓反中本が売れているから、同様の本を集めて書店に提案しよう」などという動きはなかった。

「そもそも、ヘイト本のブームなんてありましたっけ？」とOさん。

「普通、ブームっていうと、それを牽引するようなメガヒットしたタイトルがあるはずなんだけど、嫌韓反中本についてては、そういう本が思い浮かばないんですよね。『マンガ嫌韓流』にしても、もう一〇年もまえに出たものだし。ヘイト本がブームというなら、片づけ本やダイエット本はその何十倍も売れているわけで」

つまり、取次でヘイト本はそれほど存在感があるものではなかった、ということである。

もっとも、それはOさんの担当が大型店や大手チェーン店だから、という事情もあるかもしれない。発行部数の多い本は小さな書店にも配本されるが、発行部数の少ない本は大型店など一部の書店にしか配本されない、と先に書いた。言いかえると、大型店には多種多様な本が配本され、小さな書店にはベストセラーを中心に、少しの種類の本しか並ばないということでもある。

大型店では、ヘイト本はたくさんある本のなかのごく一部でしかない。それは多種多様な本のなかに紛れてしまっている。一方、小さな書店では並んでいる本が少ないから、わずかな本でも目立つ。一万冊のなかの一〇冊と、一〇〇冊のなかの一〇冊では、見え方が違う。

売れる本と売れない本の差が拡大しているのかもしれない。ヘイト本は売れない本ではないけれども、売れる本の下のほうにある。突出しているわけではないが、そこそこの部数は刊行されているので、中小の書店にも並ぶ。それで実際よりもたくさん売れているような印象がある……そんな事情なのかもしれない。

なお、本書の原稿確認時、Oさんからつぎのような指摘があった。

「取材時と現在では状況が変わってきている。たとえば『日本国紀』（百田尚樹、幻冬舎、二〇一八年）などもヘイト本に含めるとするなら、取次が書店に対して特定の本を推したり、送本することが起きているのではないか」

担当書店の返品率をいかに下げるか

大手取次に勤務するNさんの話を聞いた。

ヘイト本が売れていると実感したことはあるか、と尋ねると、Nさんは「うーん」と言ってしばらく黙りこんだ。少し考えてから「あるとは思うけど……」と言って、また考えこむ。

「そんな程度の認識ですよね」

そのことばの裏には、もっと敏感であるべきだったという後悔も感じられる。

とはいえ、取次の現場では、「おお、ヘイト本が売れているぞ」という感じではなかったらしい。ヘイト本がブームだというのは、何部売れた、何億円売れた、という数字の話ではなく、「なんとなく最近、書店の店頭にそういう本があふれているように感じない？」ということだったようだ。

Nさんは、ヘイト本が新聞などで一種の社会問題としてとり上げられると、「そうか」とは思うけれども、そこから掘り下げて意識的に考えることはなかったし、自分の仕事と結びつけることもなかった。

ヘイト本に限らず、社会で問題視されるような本が出版されると、取次社内でも、あるいは仕事で訪問する書店でも「売れるんだからしょうがない」という雰囲気が支配的だという。

「倫理は問われるが、背に腹はかえられない、ということでしょうかね」

そこには、一点一点の本の中身にまで向きあえない出版流通の現状がある。

Nさんは大手取次に入社して一〇年になる。少しまえまで書店を営業してまわっていた。関東某県の二〇~三〇店舗が担当で、チェーン店ではない個人経営の書店がおもな取引先だった。中心の業務は集金。月に二回、書店に出向いて卸した本の代金を回収する。振り込みのほうが手間は省けるが、そのために書店は期限の何日かまえに手続きしなければならない。集金なら期限当日でも間にあう。わずか数日の差であるが、小さな書店にとっては切実だ。その数日間の売上や外商での入金を取次への支払いにまわすのである。

なかには支払いが滞る書店もある。払えない店もあれば、払わない店もある。

「今月は八割にしてもらえるかな」といった電話がNさんにかかってくる。今月は請求額の八割だけを支払い、残りの二割は来月以降にしてほしい、という意味である。しかし来月になると来月分の請求があるのだから、債務は増えていく。

滞納が続けば、取次はその書店に商品を送らなくなる。小さな書店は新刊の雑誌やコミックが主力商品だから、送品ストップはほとんど死刑宣告同然だ。

かつては取次の担当者が書店経営者を待ち伏せしたり、店頭のレジから現金を持っていったりと、かなり強引な取り立てもあったという。もっとも、Nさん自身はそうした経験をしたことがない。尾ひれがついて伝説化した武勇伝なのかもしれない。

いくつかの店の閉店にも立ち会ってきた。見るからにこれ以上は営業を続けてもしようがないという店が消えていった。

「しばらくまえから取次は、返品率の低減を最重要課題としてきました。返品率を下げるために配本を減らす。そのため、売れる本が入ってこなくなって、立ち行かなくなる書店もあったと思います」

書店への営業でも、いちばんの仕事は返品の管理で、自分の担当書店の返品率をどれだけ下げられるかが問われる。

「返品率を下げるだけでは先細りになってしまいます。内装やイベントを工夫して集客を考えるなどしなければならないのですが」とNさんは言う。当面、新刊市場が拡大する気配はないので、本以外の商品によって、返品率低減以外で利益を確保する道を考えたいというのがNさんの希望だ。

ヘイト本ブームとPOSは無関係？

Nさんが取次に入社してからの一〇年間でも、書店の荒廃ぶりは明らかだという。売上が減り、利益が減ると、書店は人件費を削る。人が減れば、従業員ひとりあたりの仕事は増える。作業量は増えるが、給料は安いままだ。

ほとんどの書店員は本が好きで書店に入社する。だが、荒廃していく現場で身も心もボロボロになっていく。

「取次も書店も、本の中身にはほとんど関心がないと思う」とNさんは言う。

取次の社員が中身に関心をもたないのは、「内容に関与すべきではない」という不文律というか、空気のようなものがあるからだという。Nさんは言わないが、表現の自由、言論の自由を侵犯しかねないと自制しているのかもしれない。

この本は売れている、という表面的な情報については関心をもつが、それがどんな内容の本であるかについては、あえて触れようとしない。

だから、たとえば『絶歌』のような、社会的に物議を醸した本でも、売れているのだから売る、求める人がいるのだから売る、という態度が支配的だ。まったくの透明な装置として取次がある。もし取次に意志があるとすれば、「売れているものは、より売り伸ばす」という点においてだけだ。

ヘイト本についても同様で、ひとつひとつの本の内容について取次が意識することはない。書店にたくさん積まれているのは、たくさん配本されたからで、それは発行部数が多いからだ。書店が意識的に取次や出版社に注文して仕入れることは稀で、ほとんどは発行部数に応じて配本されている。先に述べたように、書店の店頭では働く人が減り、作業量が増えているので、とても一点一点の本の中身まで気にする余裕はない。出版社名と書名と著者名を見て、なんとなく似たものを一か所にまとめているうちにヘイト本コーナーのようになっていった、というのが実態ということだ。

買う人がいるから売る、売れるから並べる、というのが書店の論理であり、取次はそれについてあれこれ言う立場ではない。

もっとも、書店によって考え方はいろいろだ。これはわたしも書店経営者と話していて感じることだが、経営者はみな、自分は一国一城の主だ、という誇りをもっている。品ぞろえについて取次はなにも言うなという書店も少なくない。逆に、他店ではどんな本が売れているか

（出版界では「本が動いている」という言い方をする）を積極的に知ろうとする書店経営者もいる。

大手チェーン本部のSさんに聞いたやりかた（72ページ）のように、POSデータ*を参考にしたランキング重視の仕入れや品ぞろえがヘイト本ブームに棹さしたのではないか、というわたしの見方に、Nさんは懐疑的だ。というのも、Nさんが担当した中小零細書店では、そもそもPOSが入っていないところが多いし、仮にPOSを導入して販売データをとったところで、それに見合う配本は期待できないからだ。小さな書店を支えているのは、雑誌とコミックス、そして文庫の売上であり、ヘイト本のような単行本や新書はそもそも入ってこない。

たんに入荷したから並べているだけ

書店にとって、黙っていても売れるベストセラーはありがたい商品だ。売り伸ばしもやりやすい。ただし、ベストセラー商品の確保にはコツやコネが必要だ。それまで類似商品をたくさん売った実績がなければ、なかなか配本されないし、注文して仕入れるためには出版社の営業担当者との日常的なつながりも必要だ。

出版社や取次にとって、ベストセラーはそれなりにとり扱いに注意を要する。たとえばミリオンセラーになれば流通する部数も増え、全国の書店から注文が殺到するが、つねに一〇〇％

売れるわけではない。一〇〇万部配本して、五％の返品があると、それだけで五万部である。初版五〇〇〇部の本一〇点分まるまるに相当する。初版二五〇〇部なら二〇点分だ。返品が一〇％なら一〇万部、二〇％なら二〇万部。返品だけで一般的な本の何タイトル分もの初版部数に相当する。逆にいうと、この返品がなければ、その出版社はほかに一〇タイトル、二〇タイトルの本が出せたかもしれない。

「書店さんからの受注がいくらあっても、返品が多ければ利益は出ません。返品も含めた〝仕上がり〟を取次では重視します」

Nさんのことばの裏を読むと、話題が先行しがちで実際はそれほど売れているわけでもないヘイト本は、あまり仕上がりのよくない本なのかもしれない。

なぜヘイト本が書店の店頭にたくさん並ぶようになったのか、Nさんの見方を聞いた。

「意図的に並べている書店さんは少ないと思います。ほとんどは、売れるかもしれないという期待で並べているだけでしょうし、それ以前に、たんに入荷したから並べているだけ、という

ＰＯＳデータ
「Point Of Sales」の略。ＰＯＳ対応のレジでバーコードを読みとることによって、ほぼリアルタイムで商品の売上情報を集めることができる。出版業界には功罪あわせて大きな変革をもたらした。

書店さんが多いと感じます」

〝棚の編集〟ということばがあるが、入荷したから並べるだけという書店は、自分で編集することを放棄してしまった書店である。たくさん入ってきたので平積みする、一部しか入ってこなかったので棚差しにする。すべては〝仕事〟というよりも〝作業〟として淡々と処理される。なぜなら、一点一点の内容を把握して判断するような余裕がないからだ。Sさんが言った「書店員はいない、いるのは作業員だけ」ということばを思い出す。

「どうしてこの本をこんなに積んでるんですか、と営業で伺った書店さんに聞くと、返ってきたのは『入ってきたから』ということばだったりして。まさか『こんなに必要ないでしょうから、返品すれば』とも言えませんし」とNさんは苦笑する。最終的には売れずに返品されて、返品率を上げることになるのであるが。

取次の最優先課題は返品率を下げることであり、そのために総量規制といって、仕入れる書籍の全体量を絞ってきたのではあるが（仕入れる点数は減らさない）、取次の社内では「こんな本を仕入れるなよ」という声は聞かないという。「（あの本が）なんでないんだ」という声は飛び交っても、「（この本を）なんで書店に送るんだ」とは言わない。

本を読んでいない書店員、本を読まない取次の社員が多い、とNさんは言う。

「本が好きでこの業界に入ってきた人が、仕事をするうちにだんだん本が嫌いになっていく。

本当は、主体性のない本屋がなくなって、主体性のある本屋が残っていけばいい、それを支援する仕事をしたいんですが」

こう寂しげにNさんは言う。

出版社——「売れるから」と「売れなくても」

出版業界紙「新文化」二〇一七年九月二一日号に面白い記事が載っていた。タイトルは「〝時代の空気読む感性〟磨き続ける」。講談社の編集者、間渕隆へのインタビューである。間渕はケント・ギルバート『儒教に支配された中国人と韓国人の悲劇』の担当編集者だ。同書は、記事のインタビュー時点で四六万部発行。大ヒットである。同書によってブームも去った感のあったヘイト本が息を吹き返したともいわれ、その後、ギルバートは二番煎じ・三番煎じの本を他社からも出している。もっとも、内容は中国人と韓国人に対する悪口ばかりで、肝心の儒教との関係についてはあまり書かれていない。

この本はもともと嫌韓・反中読者を対象に企画したが、間渕の予想を超えるヒットになったという。その背景について間渕は同インタビューで「ここまで伸びたのはケント・ギルバートさんというアメリカ人が『日本人と中国・韓国人は別物ですよ』と言ってくれたからだと思います。欧米人の書いた反中国・反韓国本だからこそ、特定の人たちだけでなく、多くの日本人に受け入れられたんでしょうね」とも述べている。

紙面には「講談社・間渕隆氏の主な編集本リスト」という表が載っている。漢方薬販売会社社長・斎藤一人の自己啓発書『斎藤一人の絶対成功する千回の法則』（二〇〇三年）や、霞ヶ関埋蔵金で有名になった元大蔵官僚・高橋洋一の『さらば財務省！』（二〇〇八年）、ドクター南雲こと南雲吉則の『50歳を超えても30代に見える生き方』（二〇一一年）などさまざま……というか、脈絡がない。政権批判・官僚批判をする古賀茂明の『日本中枢の崩壊』（二〇一一年）もあれば、川口マーン惠美の日本礼賛本『住んでみたドイツ　8勝2敗で日本の勝ち』（二〇一三年）もある。

これらの本に通底する「反・官僚制度」「反・自虐史観」というテーマは、間渕自身の問題意識や編集者として社会に訴えたいメッセージの表出なのではないか、という記者（谷山宏典）の問いに対する間渕の回答が興味深い。

「ビジネスとしての出版はオセロみたいなものだと思っています。これまで四〇〇冊以上作ってきたので、どこにどんな読者がいて、彼らに対してどんな手を打てばいいか――つまり、どんな本を出せば、どれぐらいの石をひっくり返せるか、だいぶわかってきました。アンチ官僚、アンチ自虐史観でヒット作を生みだせたのは、今の日本にそのテーマで動く石がたくさん並んでいた、ということではないでしょうか」と語っているのだ。

ようするに、売れればなんでもいい、ということである。実際、ギルバートで中国批判本をつくったが、インタビュー時は日中友好の本をつくっているのだという。ギルバートの本をヘイト本だというと間渕は否定するかもしれないが、まあ、それはともかく、大手出版社でヘイト本をつくっている編集者のメンタリティはこんな感じなのではないか。

間渕に限ったことではない。大手・中堅の総合出版社はどこも「売れるものならなんでも」というのが現実だ。各社の刊行物を眺めれば、それは明らかだ。「講談社＋α新書」にはヘイト本や右寄り本、日本自賛本が少なくないけれども、現代新書はかならずしもそうではない。『週刊現代』やウェブの「現代ビジネス」も保守・左翼・中間、さまざまな書き手が寄稿している。講談社だけでなく、小学館も文藝春秋も新潮社も、さまざまな本を出している。

わたしは彼らの節操のなさが嫌いではない。雑誌に女性の裸を載せるのも、韓国人や中国人の悪口本を出すのも「売れるから」「読みたい人がいるから」という臆面のなさは、むしろすがすがしいくらいとも思う。だが、週刊誌で裸のページを見たくないと思う人がいるように、韓国人や中国人の悪口を読みたくないという人もいる。

ちょっと新しい見方の本

ヘイト本刊行のピークだった二〇一四年のヒット作のひとつが、シンシアリー『韓国人による恥韓論』だった。扶桑社新書の一冊として出たこの本はベストセラーとなり、つづいて『沈韓論』（二〇一四年）、『震韓論』（二〇一五年）、『嘘韓論』（二〇一六年）など、つぎつぎと「韓国人による」シリーズが出て、いずれも好セールスとなった。

もっとも、扶桑社新書には訴訟にもなった菅野完《たもつ》『日本会議の研究』（二〇一六年）や、右翼から攻撃されもした加藤陽子ほか『歴史からの伝言』（二〇一二年）、反ネトウヨ本の安田浩一『ネット私刑《リンチ》』（二〇一五年）などもラインナップされており、このレーベル自体、右から左までさまざまなテーマを扱っている。

扶桑社はフジサンケイグループの出版社。『週刊SPA！』のほか、主婦向けの生活誌『ESSE』やモード系ファッション誌『Numero TOKYO』、防衛省オフィシャル誌『MAMOR』などを刊行している。コミックスや文庫、単行本も刊行していて、スペンサー・ジョンソン『チーズはどこへ消えた？』（二〇〇〇年）やリリー・フランキー『東京タワー』（二〇〇五年）など、ミリオンセラーも出ている。また、歴史修正主義者団体「教科書改善の会」系の出版社である育鵬社は子会社で、扶桑社社内にある。

フジサンケイグループは、その名のとおり、フジテレビと産経新聞社を基幹とするメディアグループである。ニッポン放送や文化放送、ポニーキャニオンもグループ会社だ。産経新聞はもともと右寄りで、とりわけ第二次安倍政権になってからは政権擁護と、朝日新聞や毎日新聞、東京新聞など左派・リベラル系への批判を鮮明にしている。扶桑社はフジサンケイグループのなかでもフジテレビの系統に属し、産経新聞の社論とは一線を画している。そういえば、以前、新宿区の曙橋にあった扶桑社が浜松町の竹芝桟橋近くに移転するさい、古くからつきあいのある編集者は「親会社のフジテレビが河田町（新宿区）からお台場に移り、恭順の意を示すためにフジテレビの見える場所に移転した」と語っていた。半分は冗談だろうが。

扶桑社の事情に詳しい土橋弘さん（仮名）に話を聞いた。

フジサンケイグループだから、入社試験ではそれなりの思想チェックのようなことはあるのだろうか？

「少なくともぼくはそういう質問を（面接で）されたことはありませんし、入ってきている人間に右寄りが多いかというと、そんなことはないと思います。ああ、でも同じ社屋にある育鵬社は保守的な人が多いかな。いま、フジサンケイグループで取次の口座をもっているのは三社あります。産経新聞出版とポニーキャニオン、そして扶桑社。産経新聞出版とは距離をおいている感じですね。右派的な本は産経新聞出版から出るので、扶桑社は独自の企画を立てていこうとなっています」

扶桑社として「こういう傾向の本を出そう」という意志は希薄で、個々の編集者がつくりたいものをつくる、という感じだそうだ。

現在は育鵬社が発行して、扶桑社は販売だけ担当している教科書（わたしに言わせれば歴史修正主義的な教科書）を手がけるきっかけになったのは、産経新聞の連載記事をまとめた『教科書が教えない歴史』（藤岡信勝ほか、産経新聞ニュースサービス、一九九六年、のちに扶桑社文庫）がヒットしたことだったという。

「あのときは、それが今日のような嫌韓・反中につながるとは思わず、単純に歴史の新しい見方の本だという認識でした」と土橋さんは話す。

それはのちにシンシアリーの一連の本を出すときも似たようなマインドで、嫌韓というよりも、韓国在住の韓国人ブロガーによる、ちょっと新しい見方の本というとらえ方でつくっているのではないかという。つまり、あえて韓国を批判しようとか、嫌韓感情を煽ろうという意図でつくっているわけではない、ということだ。

それどころか、『韓国人による沈韓論』刊行のさいには、企画会議でちょっとした議論があったという。

「ちょうどセウォル号の沈没事故（韓国フェリー転覆事故）があった直後でした。内容は大丈夫なのか、チェックしてあまりにもひどい内容だったら発売を中止したほうがいいんじゃないか、という声がトップから出たそうです」

通常、企画会議では本の内容について議論することはほとんどなく、もっぱら見込み部数と採算の面について話し合われるのだが、『沈韓論』については例外的だったという。

売れたジャンルをイナゴのように食いつくす

扶桑社新書の企画は、『週刊ＳＰＡ！』編集部から上がってくることもあれば、書籍編集部から上がってくることもあって、それぞれバラバラ。内容については企画した編集部にまかせ、企画会議では、たとえば「一定の実売率で利益が出るような原価の設定であるかどうか」が議論される。こういう場合、どうしてもヒット作の類似企画が会議を通りやすくなる。そのため「韓国人による」シリーズのように二番煎じ三番煎じのものが増え、全体として「扶桑社新書は嫌韓本が多い」というイメージになってしまう。

「『恥韓論』は、そのまえに室谷克実さんの『呆韓論』（二〇一三年）が産経新聞出版から新書サイズで出てヒットして、べつにグループ内でライバル心を燃やしてつくったわけではないんですが、結果的に青い表紙の『呆韓論』と、（オレンジと黒の）『恥韓論』が並ぶことになりました」

取次や書店の反応はどうなのだろう。

「取次はまず、売れる／売れないを重視しますので、こうした本は手堅いという評価だと思います。書店の反応はさまざまですね。『こんなものを出しやがって』というような批判をしつつ、でもしっかり平台に並べていたり。なんだかフーゾクに行って風俗嬢に説教しているみたいな感じですが。完全に拒絶されることはありません。『こういうのばっかり増えちゃうのはなんだよね』と言われて、営業担当者も『そうですよね』なんて言いながら帰ってくるようです。とはいえ、つくっているほうも売っているほうも、それがヘイト本だとはあまり思っていないんですが」

扶桑社では「韓国人による」シリーズを出しつつも、韓流スターの本も出しているし、韓国発の『モムチャンダイエット』（チョン・ダヨン、二〇一〇年）というダイエット本のヒットも出している。しかし、同様の韓国人著者の本を出そうとしたら、嫌韓本を出していることが著者側の知るところとなり、話が流れてしまった、というエピソードもあるそうだ。

「嫌韓反中本は、一時期ほどではないにしても、出せば売れると思います。ただ、書店では単純なブームとして終わったという気がします。嫌韓反中本とは違う本をと、とり組んだ書店が業界紙でも話題になりましたが、実際はそういう議論が巻き起こるまえにブームとしては終わってしまっていた。それはそれでちょっと……。なにかが売れたときにみんながイナゴのように飛びついて食いつくしていくようなサイクルの速さ。ぼくはむしろ個々の本の内容よりも、そっちのほうが問題ではないかという気がします。こういうことすらもひとつのブームとして消費してしまう」

土橋さんの話によると、扶桑社のような出版社で本をつくるさいにもっとも重視するのは、まず売れるかどうか、採算がとれるかどうか――ではあるのだが、しかし、だからといって売れればなんでもいいかというと、そうでもないそうだ。いちど、ある社員が山野車輪の企画を出したが、会議でゴーサインが出ることはなかったという。理由は、山野の本があまり売れないからというだけでなく、内容が問題視された。

「あまりにも論拠のない一方的な決めつけだと判断したものに関しては自重しています。なんぼなんでもこれはないだろう、というものは企画が通らない」

扶桑社に限らず一般的にいって、出版社ではヒットした本の二番煎じ・三番煎じの企画が歓迎される。なぜなら、ヒットした本の七割・八割は売れることが多いからだ。書店もヒット本の類似企画はわりと積極的に店頭に置く。書籍の返品率はほぼ四割だが、これは全体の金額ベースでの平均であって、新刊書だけをピンポイントで見ると六割以上も珍しくはない。つまり新刊書は売れない本のほうが多いのだ。それに比べれば、ヒット企画の二番煎じや類似企画(というかパクリ企画)のほうがまだ売れる見込みがある。言いかえると、それだけ二番煎じやパクリ本を求める読者がいるということでもある。げんなりする話だが、しかし、映画でも続編やパート2、パート3は多く、本だけの話でもない。

話を戻すと、山野車輪を出せばある程度の売上は期待できるだろうに、それでも扶桑社内の会議では「それはいくらなんでも……」という意見が出てボツになった。売れればいいということではないのだ。逆にいうと、シンシアリーなどのものなら許容範囲だと考えている、ということでもある。

歴史に名を残す出版社の〝大転回〟

土橋さんの話を聞いていて、嫌韓反中本を出している出版社にもいろいろあるということをあらためて感じた。講談社のように右から左まで、ヘイト本から反ヘイトの本までなんでも出す大手総合出版社もあれば、青林堂のように嫌韓反中本に特化している出版社もある。

総合出版社は「売れればなんでもいい」と割りきっているように見えるが、それでも土橋さんが言うように一定の節度というか、「なんぼなんでも、これはダメ」という超えてはいけない一線があるようだ。ただ、それが出版人としての倫理観によるものなのか、それとも企業イメージの悪化を恐れてのことなのかはよくわからない。

ヘイト本を確信犯的に出版している会社のひとつが青林堂だ。ここでいう「確信犯」とは、「道徳的・宗教的または政治的確信に基づいて行われる犯罪。思想犯・政治犯・国事犯などに見られる」（『広辞苑　第六版』）という意味である。

青林堂がヘイト本を出版するのを見て驚いた人は多い。わたしもそのひとりだ。青林堂はマイナーだが質の高い漫画の専門出版社と目されてきた。同社が刊行していた漫画誌『月刊漫画ガロ』から、「ガロ系」ということばも生まれた。『ガロ』に載る漫画は、しばしば「純文学的」とか「芸術的」ともいわれた。青林堂と『ガロ』がなかったら、日本の漫画表現はずいぶんと狭いものになっていただろう。青林堂と『ガロ』は、近代日本の出版史・漫画史・文化史に残る存在である。

青林堂の創立者、長井勝一《かついち》にインタビューしたことがある。

長井は敗戦直後の東京でぞっき本屋をしていた。ぞっき本というのはいまでいうアウトレットだが、当時は製本不良のものなども混じっていたらしい。物不足かつ言論統制された戦時中の反動で、人びとは書籍や雑誌に飛びついた。紙に文字やイラストが印刷されてさえいればなんでも売れた。作品の途中からはじまり、途中で終わってしまうような雑誌の断片すら売れたという。長井はそこに目をつけ、本を集めて小売りしたり卸したりした。のちに大洋図書グループをつくる小出英男や日本文芸社を興す夜久勉《やくつとむ》とともに、腹巻きに現金を隠して関西に乗りこみ、文字どおり札束で頬を張るようにして商品を集めたという。

しかし、長井は白土三平と出会ったことで、それまでの生き方を反省し、金稼ぎのためではなくよい本を世に出すために生きる決意をする。白土の『忍者武芸帖』や水木しげるの『鬼太郎夜話』を貸本屋用に刊行する三洋社を設立。その後は白土の『カムイ伝』を連載するために『ガロ』を創刊し、青林堂を興した。誌名は白土の漫画に登場するキャラクターの名前からとられた。白土自身がマルクス主義者かどうかは知らないが、彼の漫画のベースにあるのはマルクス主義的歴史観である。その作品のために興された会社がヘイト本を出すようになるとは、長井勝一も草葉の陰で泣いているだろう。

『ガロ』からは多くの才能が世に出た。みうらじゅんも蛭子能収も久住昌之も根本敬も、みんな『ガロ』の出身者だ。漫画専門古書店のまんだらけを興した古川益三も『ガロ』常連の漫画家だった（安部慎一、鈴木翁二とともにワン・ツー・スリートリオ、などといわれた）。南伸坊や渡辺和博は『ガロ』の編集長だった。

青林堂と『ガロ』の知名度と影響力は大きかったが、経営的にはいつも苦しかった。長井は一九九六年に亡くなるが、それ以前、九〇年にＰＣソフト会社のツァイトを経営していた山中潤が社長となって経営の建て直しをはかる。しかしツァイトもＩＴ業界の変化に乗り遅れて苦境に陥り、青林堂も『ガロ』も混迷を深めていった。そんななか、『ガロ』の中心編集者だった手塚能理子らは青林工藝舎を立ち上げ、作家の多くもそちらに移る。青林工藝舎という名前は、長井が「なにかあったときはこの名前を使いなさい」と遺したものだったという。

一九九九年、紆余曲折のすえ、青林堂の経営を蟹江幹彦が引き継いで現在に至る。だが、蟹江の青林堂が雑誌『ジャパニズム』を創刊するなど、ヘイト本（というよりもネトウヨ本）に傾倒していくのは二〇一一年からである。

パワハラとヘイト本

いま、青林堂はどうなっているのか。だれがどのような意識で、どのようにこうした本をつくっているのか。中村基秀さんに会った。

取材時、中村さんは青林堂と蟹江社長らに対し、パワハラとそれによる適応障害に追いこまれたとして、東京地裁に提訴していた。中村さんが所属する合同労組、東京管理職ユニオンのオフィスで話を聞いた。

中村さんは二度、青林堂に入社している。最初は二〇〇一年。すでに蟹江社長になってからだった。当時、ほかの出版社の営業部員だった中村さんは、青林堂から声をかけられて転職した。三年ほど働いたのち、かつての恩人が立ち上げた出版社に移る。だが、その出版社が倒産し、別の出版社で働いていた。渋谷の書店で営業活動をしているときに「おまえ、すごいな」と声をかけてきたのが蟹江社長だった。二〇一四年。一〇年ぶりの再会だった。

崩壊してしまった営業部を建て直してくれないかと蟹江社長に懇願されて再入社した。

「一〇年ぶりに戻ると、社内はまったく変わっていました。社員も少なく、三人ほどになっていました。全員若く、いちばん長くても新卒で入って三年目でした」

ほとんど業界のことを知らない若者たちから見ると、中村さんはベテランである。業界慣習のことなどあれこれ教えるうち、あっという間に信頼を勝ちえた。だがそれがよくなかったのかもしれない、と中村さんは言う。蟹江社長やその妻である渡辺専務にとって、中村さんが煙たい存在になったようだ。三か月の試用期間終了後に正社員として雇うという約束を反故《ほご》にしてきた。そこで中村さんは東京管理職ユニオンに加入して団体交渉を求めた。これに対し会社側は解雇を通告してきた。中村さんと労組は地位保全と賃金支払いを求め、仮処分が認められる。東京都労働委員会で、中村さんを復職させることで和解が成立した（第一事件）。

ところが、ここから先がややこしくなる。二〇一五年一〇月に復職すると、会社側は中村さんにそれまでの書店や取次への営業ではなく、自費出版の営業や編集補助を仕事として命じてきた。しかも就業時間中の外出は禁止。パソコンはインターネットにもつながっていない。ようするに仕事を命じておきながら、その仕事をする環境は与えないという奇っ怪な状況に追いこんだのである。なおかつ蟹江夫妻は「おまえが馬鹿だから」「ムダメシ食らい」と罵声を浴びせつづけた。これによって中村さんは徐々に体調を崩し、ある朝、起き上がれなくなってしまう。典型的なパワハラである。中村さんと東京管理職ユニオンは青林堂と経営陣を訴えることにした（第二事件）。

その後、中村さんに組合抜きの直接交渉をもちかけたり（第三事件）、団体交渉を拒否したり（第四事件）と続いた。第二事件についても東京都労働委員会は救済命令を発令している。しかし、さらに青林堂は『中小企業がユニオンに潰される日』（田岡春幸、二〇一六年）を刊行して、中村さんとユニオンを誹謗中傷（第五事件）、この本を持った在特会系右翼が組合事務所前で街宣活動をおこなう（第六事件）などが続いている。また中村さんの代理人である弁護士に集団で大量の懲戒請求が起こされるなどもしている。なお、二〇一七年末に中村さんは青林堂を退社し、東京管理職ユニオンの書記長に就任している。

中村さんの二度めの青林堂入社は、青林堂が『ジャパニズム』を創刊したり（二〇一一年）、桜井誠の『在特会とは「在日特権を許さない市民の会」の略称です！』（二〇一三年）や『大嫌韓時代』（二〇一四年）を出したりしたあとだった。そのころは月二点程度、初版は三〇〇〇部から五〇〇〇部というペースで新刊を刊行していたそうだ。

企画の決め方はトップダウン式。社長か専務が「こういう本をつくりなさい」と編集者に指示する。少なくとも中村さんがいるころは企画会議・編集会議はなかった。社長のブレーンとなっているのは顧問的存在の西村幸祐《こうゆう》で、彼が桜井誠やテキサス親父ことトニー・マラーノなどを社長に紹介し、みずからも執筆した。そのほか、井上太郎もブレーン的な存在だという。

ひと炎上三万部

蟹江社長はかつて、ヘイト本をつくるのは思想的な理由ではなく経営的・経済的な必要からだと東京新聞の記事で述べていたが、実際にはどうなのだろうか。中村さんは言う。

「よく、ネットの（右翼系）コンテンツを見なさいと社員に命じていましたね。KAZUYAの動画とか。そういうニュースやコンテンツについて自分なりの解説をします。自分の主観をさも事実であるかのように吹きこむ。〈在日〉ということばもよく使っていましたね。本の見本に不具合が生じたときも、自分のミスが原因なのに『左翼からの圧力がかかってこうなった』と真顔で言っていました」

つくり手もヘイト本の内容を信じているのだろうか。それとも信じておらず、「こんな本を買う人は……」とバカにしつつ、お金のためにつくっているのだろうか。いちばん知りたいところだ。

「売れるからやっていることではなく、信じているんだと思います。ぼくにもいろいろ説教をしてましたが、『このジャンルだって、はじめから売れたわけじゃないんだ』と言っていました。好きなんじゃないですか。売れなくても出している」

企画は社長と専務が考えるわけでもなく、ブレーンの西村や井上がもちこんだものを外部スタッフや編集プロダクションにつくらせることが多かった。中村さんが初めて社長と会ったとき、「一冊も本をつくった（編集した）ことがない」と言っていたそうだ。

売れ行きを左右するのはテレビやネットでの情報だ。「ネット炎上がプロモーション」と中村さんは言う。「ひと炎上三万部」とも。書店で売れている実感はなかったが、アマゾンでの売上が大きいのではないかと。

営業で書店を訪問すると、どんな反応が返ってくるのだろう。

「ほとんどの書店さんは、仮にいやでも顔には出しません。普通に接してくれます。売れるか売れないかということでは、こっちも『こういう本ですが……』というような感じでいくじゃないですか、変な人だと思われたくないし。売れるか売れないかという話だけして、『だから、こんな展開をしませんか』とお願いします。ほとんどの書店さんではビジネスライクに接していただいて、設置はできました。入社したころ、ほとんどの書店は青林堂の本を置いていなかったんですよ。びっくりするぐらい置いてなくて。訪問先書店のリストがあったんですが、一〇〇店もなかったんじゃないですか。それを三倍以上にして設置店を増やしました。書店の売り場になければ売れないわけですから。最初は売れ行きが悪くてもとにかく置いてもらうことを目指しました。毎日、営業してまわって、やればそれなりに結果も出て。『正論』とか『WiLL』とかを山積みしているようなところにはだいたいハマるということがわかっていますから、そこを目がけていくこともありましたね」

〝自己実現〟のための本づくり

中村さんの話を聞いていると、青林堂の場合は、社長と専務の個人的な好みや自意識が出版物に濃厚に反映されているように感じる。それはたんに信頼するブレーンの企画を右から左へと流しているのとも違う。

たとえば社長が「いまや、うちは、保守系出版社の最右翼、最先端として認知されているから」と発言したり、あるいはコミック単行本『日之丸街宣女子』（富田安紀子ほか、第一巻は二〇一五年）や雑誌『ジャパニズム』で女の子のイラストを表紙に使っていたり。ネトウヨとオタクというのは奇妙な組み合わせに見えるかもしれないが、中村さんによるとそれは社長のなかでは「おれが好きなモノ」というくくりでなんの矛盾もないのだという。社長・専務にとっては、ある種の自己実現なのかもしれない。思想でも経済でもなく、「好み」でつくられるヘイト本といえるだろうか。

読者層についてのデータ分析はないが、中村さんの肌感覚では「年齢層はひじょうに高い」そうだ。

中村さんの話を聞くかぎり、青林堂はヘイト本で大きく儲けているわけでもないようだ。「ひと炎上三万部」としても、そうそう炎上しているわけでもないし。初版で三〇〇〇部から五〇〇〇部というのは、人文系の中堅出版社と同じくらいだろうか。ただ人文系の中堅出版社の場合、時事問題の本などはまれで、初版でヒットしなくても常備契約*などで中型・大型書店に長く置いてもらい、時間をかけて売っていくということができるが、ヘイト本、ネトウヨ本では難しいだろう。

中村さんが入社するとき、蟹江社長から伝えられた年俸は六〇〇万円だったというが、実際には月収三五万円だったという。仮にボーナスを夏と冬に二回、二・五か月分ずつ支給されていたとすれば五九五万円でその額になるわけだが、中村さんは半年で解雇されたので、そこはよくわからない。料金滞納でネットが止まったなんていうエピソードを聞くと、それほど会社の資金に余裕があるとも思えない。

なお、二〇一九年八月、青林堂との訴訟について、東京地方裁判所で和解が成立。青林堂側が解決金を支払うこと、中村さんにパワハラを謝罪することなどを和解の条件にしている。NHKの報道によると、青林堂はこれについて「和解を真摯に受け止め、今後このようなことがないよう注意していきます」とコメントしている。

常備契約
常備寄託契約。特定の商品を一定期間、出版社の社外在庫として書店に在庫・陳列する契約。書店は仕入代金負担がない代わりに、期間中は返品できず、売れた場合は補充の義務を負う。取次を通して納品するが、契約自体は出版社と書店のあいだで交わされ、期間は一般的には一年間。システムとしては賛否両論ある。

編集者——かなりの部分、仕事だからやっている

新宿区にある出版社（取材当時は江戸川区）、啓文社社長の漆原亮太さんを訪ねた。漆原亮太さんは一九八四年生まれ、東京都出身。早稲田大学法学部在学中に編集プロダクション、株式会社アカデメイアを設立し、編集業務を開始した。その後はネット古書店も開業し、二〇一五年には取引先のひとつであった京都の学術系出版社、啓文社の経営を引き継いだ。啓文社の本社を東京に移し、現在は啓文社で出版と編集下請けを展開している。

漆原さんが編集プロダクションとしてかかわったのが、オークラ出版のムックシリーズ『撃《げき》論』や青林堂の『ジャパニズム』誌だった。きっかけとなったのは三島由紀夫をテーマにした講演会だった。漆原さんが学生のころである。もともと三島が好きだった漆原さんは講演会を聞き、打ち上げに参加した。そのとき知り合ったのが、講師でもあった西村幸祐だった。中村さんの話でも青林堂のブレーンとして名前があがった、ヘイト本のキーパーソン的存在である。講演会のあとしばらくして、西村から漆原さんに連絡があった。アルバイトをしないかとい

うのだ。中韓で起きている反日問題などをテーマにしたムックを隔月でつくるのだが、人手がないので手伝ってほしいといわれた。それがオークラ出版の『撃論』シリーズである。オークラ出版はもともと、アダルト系出版社の桜桃書房の関連会社だった。『撃論』は西村幸祐が編集長で、デスクは業務委託の編集者。そして社外の漆原さんだった。三人で年に六冊つくるのだから、けっこうたいへんだ。

もともと漆原さんは政治に興味があり、大学では國史研究会という歴史学サークルと登山のサークルに所属していた。國史研究会はどちらかというと保守系、右寄りのサークルではあったが、海外の文献などを読むのが中心で、右翼とは一線を画していたという。

漆原さんの話は整然としているので、ここはインタビューをそのまま採録したい。なお、細かなことばづかいや話の順番などは編集している。

インターネットが重要な供給源

――オークラ出版でのムックのつくり方についてうかがいます。台割（目次だてとページ割り）はどのように決めるんですか。

漆原　最初は西村さんとデスクがやっていました。その後、デスクが辞めてしまい、西村さんと外部のライターさんに相談して、意見をとりまとめてつくっていくという感じでした。

――たんに依頼した原稿を書くだけでなく、アドバイザー的なライターということですか。

漆原　そうですね。

――西村さんはテーマをどういうふうに決めていました？　年間六冊だと、けっこうなペースですよね。

漆原　そのときどきの話題で。沖縄の問題が出ていたら沖縄を、アイヌの問題が出ていたらアイヌを、と。二〇〇八年の北京オリンピックが近づいたときはチベット問題をとり上げました。そういう感じですね。

――著者の選び方や依頼の仕方は？

漆原　人選は中国や韓国について右寄りの姿勢で書いている人の本を読んで、人づてで連絡先を探したり、著者に直接手紙を送ったり、メールを送ったり。ほかの本と同じですね。

――代表的な著者としてはどんな人が？

漆原　西尾幹二、西部邁、高山正之といった人たちです。

――西尾さんも西部さんも大御所ですね。漆原さんとは年齢的にも親子以上に離れていますが、原稿を依頼したりテーマを相談すると、彼らの反応はどうなんですか？

漆原　西尾さんは年齢関係なく、イヤなときはイヤとずばずば言う人なんで。西部さんもそうですね。逆にこちらの年齢が若かったから、かわいがってもらったというところもあったかなと思います。

——いっしょに飲みに行ったりとかは?

漆原　たまにありました。そのころに桜井誠にも原稿をお願いしているんですよ。彼がまだ在特会をやるまえで。たしか、なぜ日本のメディアは韓国人が反日運動をやっているのを伝えないのか、というようなテーマだったような気がします。

——そのころの桜井の肩書きは?

漆原　東アジア問題研究会会長とかそういう肩書きだったと思います。そういう問題を研究している会なのか、ネットで集まったのか、勉強会をしているらしくて、そこの会長という肩書きだったと思います。見つけてきたのはわたしではなくて、ネットで面白いことを書いているヤツがいると教えてくれた人がいる。そのとき彼から、在特会をつくるんだという話を聞きました。

——どう思いました?

漆原　あ、そうですか、ふーんという感じで(笑)。いまみたいにああいう過激にやるまえの話だったので。

——西部さんは、在特会的なもの、ネトウヨとは一線を画していますが、彼らといっしょに並ぶのはイヤだとは言ってませんでしたか？

漆原　とくに言ってはいませんでした。著者を選ぶときもテーマによって分けていたんで。韓国のテーマをやるときに西部さんはあまり出ないし、中国のことをやるときも出ない。でもアメリカとかグローバリズムとか国際情勢をやるときには出てもらうとか。著者の使い分けをしていましたね。

——著者のほうもそれは気にしている感じですか？

漆原　気にしている人と気にしない人がいましたね。

——気にせず書く人はどんな人ですか？

漆原　三橋貴明さんとかは、最初はあまり気にしてなかったですね。いまはすごい気にしてるんですけど。

——なるほど（笑）。

漆原　三橋貴明さんに最初に書いてもらったのは、まだ彼の最初の本が出るまえで。

——どこから見つけてきたんですか？

漆原　これもわたしじゃなくて、西村幸祐さんが見つけてきた。「2ちゃんねる」で韓国のことを叩いている経済問題をやっている人がいるというのを調べてきて、「この人に原稿を依頼したい」と言って。それでネットを使ってコンタクトした記憶があります。

――やっぱりネットというのが重要な供給源なんですね。

漆原　供給源でしたね。いまとまたぜんぜん状況が違っていて。

編集者は仕事だからやっている

――オークラ出版にとって、そのムックのシリーズは大きな稼ぎだったんですか？

漆原　わたしが聞いているかぎりでは、そんなに大きな稼ぎというわけじゃないですけど、オークラ出版は思想があってその本を出すのではなくて、売れるから出すという出版社で、アダルトやＢＬ（ボーイズ・ラブ）が主力でした。それ以外に野球とかペットとかもやっていたし。あと韓流もやっていたし。

――（笑）一方で叩いて、もう一方ではもち上げて。

漆原　読者からも、「なんでおたくみたいなところが韓流の本を出しているんだ」という電話とか投稿がけっこうありましたね。

――オークラ出版にしても晋遊舎にしても、エロ本がネットに押されて売れなくなって、その穴をなにで埋めるかというときに、パズル本やＢＬなどいろいろあったなかにヘイト本もあった、ということでしょうか。

漆原　そうですね。
――先にイデオロギーがあったわけではない。
漆原　ない、というのがほとんどの出版社だと思います。
――書き手はネットが供給してくれる。
漆原　ええ。ネットが供給してくれるし、それ以前は保守系の人が書く雑誌自体がなかったし。『正論』と『諸君！』ぐらいで。やっと『W i L L』が出てきた。
――『諸君！』もなくなりました。
漆原　なくなったし、言論空間がそういう状況だったということが大きかったと思います。左派系のほうでは『論座』も『思想』も元気だったし、テレビとかでもなかなか保守的な言説が出てこない時代だったので。そういうなかでネットで拾うということが出てきて、それで火がついて、いろんな出版社がやり始めたということがあるのかなと思いますね。
――でも、オークラ出版は『撃論』をあくまでムックにとどめて、それを雑誌にしようとはしませんでしたね。なぜだったと思いますか？
漆原　それは実務的な話で、雑誌コードを新しくとるのが大変だとか、そういうことが大きいと思います。
――一〇年先、二〇年先ももつようなジャンルじゃないから、わざわざ雑誌コードをとるまでもないと考えたんでしょうか。

漆原　そんな先のことまでは考えていないと思います。とりあえずこれで一年、二年はできるとは思っていたと思いますけど。でも、まえの社長（長嶋正博）が亡くなったんですよ、二〇一三年に。奥さんが経営を引き継いで、そのあとに「こういう本はやめましょう」となって。いまはオークラさんはあまり中国・韓国ものはやっていませんね。

――オークラ出版でつくっていて、手応えのあった著者とかコンテンツは？

漆原　メディア、テレビとか新聞を叩くと売れましたね。「偏向している」と。あと中国を批判する、韓国を批判する。この三つ。

――タイトルをつけるときとか見出しとか、ウケるキーワードはあるんですか？

漆原　ウケるキーワードですか……具体的には「反日」とかとりあえず入れておけば。外部のライターさんのなかには「左翼の考えていることは許せない」と真剣に話す人もいて、編集者もそういう話を聞いていますが、編集者自身はどう思っているかというとぜんぜん違います。仕事だからやっているというところもかなりの部分です。もっとも、そういう発言に拒否反応を示す人だったら、こういう仕事はできないと思いますが。

――それはわたしが八〇年代・九〇年代にエロ本をやっていた感覚と似ている感じがします。SMが好きでSM雑誌をつくっている編集者はほとんどいなくて、でも仕事としては「面白いよね」と言ってやっている。そのうち「縛るのは綿ロープより麻縄がいいね」とか言いだすようになる。それとなんか似ているような。

漆原　うーん、そうですね……。触れているうちに、キャッチとかリードとかも「煽ったほうがいい」とか思ったり。逆に、そのうち煽りすぎてもよくないとわかってきて、いいキャッチやリードを考えるうちに慣れていくみたいなことはありましたね。

——マニア本のつくり方に似ている?

漆原　似ていますね。

青林堂で〝ピンチヒッター〟

——ヘイト本をつくる人が在特会のデモに参加することは?

漆原　なかったです。行ったことはありますけど、あくまで取材として。「こういう人がいるんだ」と。ただ、それを外部から見ると、編集者がデモに行ったとなるかもしれないけど。

——そこが左翼系のメディアとの違いかもしれません。たとえば官邸前デモに、大手出版社の編集者はけっこう参加しています。

漆原　ああ、そこはかなり(違います)。オークラ出版以外にも保守系の本を出しているところがありますね。扶桑社とか徳間書店、ＫＫベストセラーズ、ＰＨＰ研究所など。そういうところの編集者を見ていると、政治信条が右か左かというと、どちらかというと保守的な人で、たとえば安倍総理が好きか嫌いかといわれたら「好きだ」という人が多いけれども、かといってガチガチのヘイト本が好きかっていうとそうじゃないという感じですね。

――書いている人たちはどの程度まで書いていることを信じているんですか。荒唐無稽な陰謀論みたいなものもあるじゃないですか。『ムー』のようにフィクションとして楽しんでいるんでしょうか。

漆原　ある程度は信じていると思います。わたしがつくっているとき、いちばん気をつけていたのは、嘘だけは書かないようにしよう、ということ。見方の違いというのはあるじゃないですか。たとえば「朝日新聞の記事は偏向している」と言うとき、偏向していると見る人もいれば、あれはそうじゃないという人もいる。でも、「朝日新聞は嘘を書いている」と言うのはいけないと思ったので、そこだけは気をつけましたけど。記事でまったくデタラメなことを書いているというのは気をつけて。韓国のこと、中国のことを書くときも、事実でないことを書かないように気をつけて。

――なるほど。オークラ出版の『撃論』が終わったあとはどうされました？

漆原　西村幸祐さんが『撃論』を編集部ごとそのまま青林堂にもっていくという話があって、それを亡くなったオークラの前社長は許さなかった。「それは話が違う」ということになって、結局、制作チームはオークラに残ったんですよ。西村さんだけ青林堂に移って『ジャパニズム』という雑誌をつくったんです。わたしも青林堂には行かず、オークラに残って仕事をすると一度は言ったんだけど、でも、そのとき、こういう保守系の本には嫌気がさしていたんで、しばらく手を引きますと言ってそれでやめたんです。その直後に震災があって、震災をきっかけに原発の問題を「どうなんだろう」と思っているときに、原発問題で本をつくりたいと知り合いの編集者から声をかけてもらって、原発の本を何冊かつくって。古書店もやっていたんですけど、千葉県の倉庫の棚が地震で倒れてぐちゃぐちゃになってしまった。その片づけもあって、いったん離れて。

——青林堂の『ジャパニズム』にはかかわらなかったんですか。

漆原　三号だけ手伝ったんですよ。青林堂社内でごたごたがあって、編集者がみんな辞めちゃって、編集者が見つかるまで進行管理とデスクをやってくれないかといわれて、ピンチヒッターで三号やったんです。

——三号で辞めた理由は？

漆原　新しい編集者が見つかったんで。そのころには、青林堂は問題になったはすみとしこの本（『そうだ難民しよう！』二〇一五年）や、桜井誠の本（『在特会とは「在日特権を許さない市民の会」の略称です！』二〇一三年）を出していましたね。

——青林堂の社長はいまの蟹江社長ですか。

漆原 いまの社長です。

——ギャラの払いはちゃんとしていましたか。

漆原 編集費としては、まあ。昔に比べれば下がっているので、よくもなければ悪くもないという感じですけど。

——企画や原稿依頼は漆原さんがぜんぶ？

漆原 原稿の依頼は半分ぐらいは版元で。社長がやっていたのか、専務がやっていたのか。半分くらいはわたしが依頼して、あと、原稿の回収から入稿までがわたし。タイトルをつけて小見出しをつけてリードをつけて、というのをぜんぶ。

——その作業は青林堂に行って？

漆原 校了前は青林堂に行きましたが、ほとんど在宅でやってました。

——その三冊、どんな特集をやりましたか？

漆原 どんなんだったか……。韓国のとか中国のとかだったような気がしますけど、なにをやったかまではちょっと覚えてないですね。

——『撃論』でも『ジャパニズム』でも、「こういうネタがウケそうだ」ということでコンテンツを立てていくんですか？

漆原　そうです。

読むのは意外と〝知識層〟

――想定読者層はネトウヨとか保守層？

漆原　そうですね。そういうふうに考えて、いちばんウケそうなものを。

――潜在的マーケットはどれくらいいると考えるんですか？

漆原　そんなに、思ったよりも大きくはないですよね。

――数十万人ですか？

漆原　マックスで数十万。どんなに多くても一〇〇万はいないと思います。

――そのなかの何％かが買う、と考える。

漆原　全員が買うということはありえないので。

――返品率・実売数について、青林堂の社長や専務から「もっと売れるはずなのに」とか「売れたねえ」とか、そういう反応はありましたか。

漆原　それは多少はありますけど、わたしに売上がどうこうと、強く言ってくることはありませんでした。たくさん売れたからボーナスということもなかったし。「もっと売れるようにつくれ」ということもなかったし。それなりに「面白く」とか、「うまくつくってくれ」ということは言われましたが。

——オークラ出版でも青林堂でも、読者についてどう分析していましたか?

漆原 年齢は比較的高く、若くても三十代以上の男性。二十代はほとんどいない。メインは四十代から六十代ぐらいで。意外と知識層でした。

——『撃論』でいちばん売れたのはどのくらいですか?

漆原 五万〜六万部売れたことがありました。ふだんは一万から一万五〇〇〇部ぐらいだったので。

——五〜六万部売れたのはどんな特集ですか。

漆原 メディア叩き特集で。「2ちゃんねる」で祭りみたいになって、「その本を買おう」みたいになって、火がついて。

——メディア叩きが受けるのは、メディアは本当のことを伝えていないという気分が蔓延しているということですか。

漆原 そうですね。とくにNHKとTBSと朝日新聞を叩くと売れたので。根本的に、報道姿勢に疑問をもっている人がいたのかなと思いますけど。いまは新聞記者のかたも、そんなに特定の思想をもってやる人って、そんなにいないですよね。

——『ジャパニズム』もそうですが、ここ最近のトレンドとしては、中国・韓国を叩くのは影を潜めてきて、日本礼賛本が増えてきたじゃないですか、それはマーケットとしては同じですか。

漆原　同じだと思います。

——自分のものを褒められていい気持ちになるのはわからなくもないんですが、ちょっと考えると、努力して日本人になったわけではなく、たまたま日本に生まれただけにすぎないのに、なんで威張るのか、とふしぎです。

漆原　いままで、「日本人はだめだ」というのが多かったから、その反動なんじゃないかと思いますけど。

——それは九〇年代の前半ぐらいにバブルが崩壊して、各方面で沈滞したことと関係あるんでしょうか。わたしは九五年が戦後史のターニングポイントだと思っています。日本の土木技術は世界一だと思っていたのに、阪神大震災で高速道路もあっけなく落ちた。世界一治安がいいといっていたのに、地下鉄のなかで毒ガスが撒かれる。バブル崩壊でジャパン・アズ・ナンバーワンではなくなった。そういう権威喪失と自信喪失があったけど、それが二〇年も続くと、耐えられなくなって逆ギレしたのでしょうか。

漆原　それよりも歴史教育とかで「日本人は悪いことをしてきた」と言われてきた、そっちのほうが大きいのかなという気もしますけど。（わたしは）日本を礼賛するような本はあんまりつくってこなかったんで（よくわかりませんが）。

『マンガ嫌韓流』刊行の立役者もあの人？

——学生時代から政治に関心をもっていて、さらに『撃論』などの雑誌をつくってきて、世の中の関心が変わったきっかけって思い当たりますか。古谷経衡さんはワールドカップの日韓共催だったと言うんだけど、わたしはサッカーに関心をもっていた人がそんなに多かったとは思えなくて。

漆原　わたしは小泉首相（当時）の訪朝（二〇〇二・二〇〇四年）と拉致問題じゃないかと思うんですけど。わたしが政治に興味をもつきっかけが拉致問題で、ちょうど高校三年生のときだったかな。そういう人権問題があるということをまったく知らなかった。そこで日本人の意識が変わったのかなという気がしました。ワールドカップも、「韓国が嫌い」というメンタリティの人とは合ったんじゃないですか。

——小泉訪朝と拉致問題ですか。

漆原　拉致問題のほうが大きいんじゃないですかね。

——しかし拉致問題を冷静に考えると、日本人の拉致被害者よりも韓国人の拉致被害者のほうがはるかに多いじゃないですか。五〇〇人近い。しかも韓国と北朝鮮はあくまでも休戦中で、いまでも戦争状態です。そう考えるなら、拉致問題に関して日本人は韓国と連帯して対処してしかるべきなのに。

漆原　そうですね。

――ところが、韓国も北朝鮮もいっしょくたにして、反朝鮮半島になってしまう思考の回路がよくわかりません。

漆原　もうひとつ、はすみとしこや千葉麗子の本が出るようになった背景として、晋遊舎から『マンガ嫌韓流』が出て売れたということが大きかったと思いますね。いままであういう本をつくろうとはだれも思っていなかったと思います。あの本は西村幸祐さんが版元を探していたんですよ。山野車輪さんを見つけて、この本を出す版元はないかと探していて、晋遊舎が手を挙げたのかな。本が出るか出ないかのころに話を聞いて、こんな本が売れるんだろうかと感じたのを覚えています。

――晋遊舎もそうした思想性のある出版社ではなかった。もともとはエロ本の大洋図書の営業担当役員だった人が独立してつくった会社で、最初はエロゲー雑誌とかをつくってましたね。それが『マンガ嫌韓流』が当たったことで右旋回して、創立何周年かの記念パーティーでは社長が天皇礼賛スピーチをしたりしている。

漆原　そうですね。本が売れて、そういう本を出したり、読んだりしているうちに、だんだんそうなっていくことはあるのかもしれませんね。

――ところが、在特会系の人は、書いてあることを心から信じてつくっている。

漆原　そう思いますね。最近、青林堂がつくっている本がまえと違うなというのは、そういう、信じてつくっているというところですね。まえは、中韓の批判はするけれども越えてはいけない一線みたいなものがあって、それを守ってやっていた。「韓国人だから死ね」とか、そういうのは絶対に載せないようにしたり。慰安婦問題にしても、「韓国が言っていることは事実と違いますよ」というのはいいんだけど、「そういうことをやっている韓国人はぜんぶだめだ」とは絶対書かなかった。かつてと読者層が違いますね。千葉麗子の本が出て、有田芳生さんがツイッターで批判するとすごく本が売れたとか、桜井誠の本とか、ちょっとそのまえの中韓の批判本とは、おどろおどろしい感じが違いますね。

保守系の本をつくる人にはバランス感覚が必要

――嫌韓反中本のブームについて、日本会議の影響はありますか？

漆原　日本会議は関係ないですね。ぜんぜん関係ない。日本会議はなんの力もないですから。わたしが学生のときに入っていた國史研究会に、ときどき、日本会議を実質的に動かしている日本青年協議会という旧・生長の家系の政治運動のＯＢが来ていました。すごくカルト的なんですよ。天皇がだいじだ、天皇だ天皇だ、って。わたしたちは、「なんで天皇、天皇って言うんだろう」という感じだったんですよ。なんでこの人たちが部室に来るんだろうと思って調べたら、そのサークルは日本青年協議会のダミーサークルだった。それで日本会議とは縁を切りました。菅野完さんの『日本会議の研究』が扶桑社から出たのも、保守の人のあいだにも日本会議に疑問をもつ人が潜在的に多かったからでしょう。わたしもそうですけれども。もとが生長の家という新興宗教の政治運動です。それを公言していれば問題ないけど、それを隠して、さも自分たちは日本のためにやっていますよと言っているのは許せないという人は多かった。勧誘するときに隠すんですよ、自分たちが生長の家だということを。隠して学生を勧誘して、あとで教えていくという、カルト宗教のオルグの仕方そのままなんですよね。統一教会と同じです。

――現在も保守系の本の制作依頼はありますか?

漆原　いまも来ます。ＰＨＰ研究所、ＫＫベストセラーズ、イーストプレスとかが多いですね。だいたいそれくらいですね。

――ヘイト本はいわれているほど売れていない、と流通関係者は言いますが。

漆原　ええ。いわれているほど売れていない、というのはありますね。イメージが肥大化しているというか。

――中韓に関しては、書店店頭では売れ行きが止まっている感じ。日本礼賛本もかつての中韓本ほどの勢いはない。圧倒的に高齢者が買っているとか。ネトウヨ層とヘイト本購入層とはちょっと違うような。こういうことに限らず、ネットの反応を真に受けるな、という話もありますが。

漆原 そうですね。つくっている人にバランス感覚がないとつくれないテーマだということがありますね。それを信じているんではなくて、「ほかの意見もあるけど、こういう意見もある」というふうに見れる人じゃないと、こういう保守系の雑誌や本はつくれないんじゃないかな。それは左の雑誌・書籍でも同じじゃないかと思います。

漆原さんはかなり冷静にヘイト本（という呼称を彼は使わないけれども）と、それをとり巻く状況を見ている。学生時代に入っていたサークルからもわかるように、思想的な立場は保守だと思うが、排外主義的でファナティックな右翼ではなく、西部邁や中島岳志のようなまっとうな保守主義者だと感じた。その保守主義者の漆原さんから見ても、ヘイト本は異常なのだ。つまり、ヘイト本イコール保守主義ではない。単純に右派・右翼の本ともいえない。かなり奇妙な出版物だ。

ライター――願望をなぞり、陰謀をほのめかす

古谷経衡《つねひら》さんは保守派の若手論客として各方面から引っぱりだこだ。『撃論』（オークラ出版）をはじめ、保守系雑誌にもたびたび寄稿してきた。「古谷ツネヒラ」という名前を使っていたこともある。ただし著書『ネット右翼の終わり』（晶文社、二〇一五年）などでも述べているように、ヘイトスピーチやネトウヨ（注・古谷さんは一貫して「ネット右翼」の語を用いる）に対しては批判的かつ冷笑的である。多くの右派論客とも面識があり、右派系雑誌の編集者と仕事をしてきた古谷さんの目には、ヘイト本ブームがどのように映ったのか。古谷さんについても漆原さんと同じく、インタビューをそのまま紹介しよう。

「こんなの読むのはバカだよね」

古谷　ヘイト本ブームなるものがあったのは、二〇〇九～一一年の民主党政権時代だったと思

うんですよね。ぼくが右の論壇誌で書きはじめたのもそのころ。尖閣のデモ（尖閣諸島抗議デモ、二〇一〇年）もありましたし、フジテレビ・デモ*が一一～一二年ですから。ぼくは『WiLL』をはじめ『歴史通』（『WiLL』別冊）や『正論』『ジャパニズム』など、単発のムックも含めて右の論壇誌ほとんどに書いてきました。唯一書かなかったのは、幸福実現党の雑誌ぐらい（笑）。デビューは『撃論』に書いたNHK批判の文章だったと思います。『撃論』の編集長（西村幸祐）と知り合いだったので。ぼくみたいなぽっと出のライターでもばんばん書けたわけですよ。当時がどんだけバブルだったか。それを誇っていいのかどうかわかりませんが（笑）、そういう状況だったということですね。

――いまはその半数の雑誌がなくなっていますね。

古谷　ないですよね。『WiLL』から花田（紀凱）さんが分裂して『月刊Hanada』をつくったからプラス一ですけど。『別冊正論』も『宝島』も終わったし、もう晋遊舎もオークラ

フジテレビ・デモ
二〇一一年、俳優がTwitterでフジテレビの番組が「韓国おし」であると批判し、その後、事務所を解雇されたことに端を発した、フジテレビへの抗議行動。最大一万人が集まったといわれる。デモの主催者は「反韓ではなく、フジテレビの偏向放送に対する抗議」であるとしている。

出版も出してない。〝当社比四割減〟ぐらいになっていますよね。

――売れなくなったのか、もともと売れなかったのか。そもそも、つくり手の意識はどうだったんでしょう。

古谷　なにを目的にやっていたのかというと、売れるからです。編集者のタイプにも二つか三つあると思うんですよね。一つは、本心では戦後民主主義的なものを肯定しているんだけど、売れるから誌面で韓国を叩いている編集者。これが主流派だと思います。当時は「こんなの読むのはバカだよね」と言いながらつくっている人が多かった。とくに宝島社とかオークラ出版はそういう編集者が多かった。一方で、心から嫌韓・反中的なものに心酔している人もいた。たとえば青林堂の蟹江社長。あの人は東京新聞の取材に「商売だから」と答えていましたが、在特会に献金もしていますし、在特会が大好きな人なので。オークラ出版などが出さなくなったのは、もともとイデオロギーではないからです。売れないから出さなくなった。『別冊正論』の編集長だった上島（嘉郎）さんは右翼でしたが、彼も産経新聞のなかで煙たがられていました。あまりにもおかしいので。だから『別冊正論』もなくなりましたよね。あとは、花田（紀凱）さんは半分半分じゃないですかね。売れるからというのと右の思想と。ちょっと天邪鬼に逆張りをやってみようぐらいの考えでしょう。（つくり手の意識は）だいたいこの三つぐらいに分かれると思います。

――残っているのは『正論』『WiLL』『月刊Hanada』、そして『ジャパニズム』ですね。

古谷　そのなかで確信犯的にやっているのは青林堂ぐらいじゃないですか。在特会が編集部に入っていますからね。彼はガチで排外思想が正しいと思っていますから。それは希有なことです。『WiLL』とか『月刊Hanada』とかも保守思想をもっているとは思いますが、花田さんはちゃんとしたキャリアがある人で、排外的なものはないですよね。花田さんは在特会に寄稿させたことないですからね。『歴史通』では、立林（昭彦）さんが一回だけ（在特会を）使いましたが、保守言論としてのクオリティを保とうとしていますし、それはある程度成功しているとは思いますけど。朝日新聞を叩いたのも部数がどーんと伸びたからです。同じテーマをずっとくり返しているんですよね、先の戦争と靖国神社と韓国・中国と、あと憲法。保守のイデオロギーの中枢をしめていますよね。嫌韓・反中はここ十何年かですけど。この五本ぐらいをぐるぐるまわしていて、「いまどれが来ているかな」と、ころあいを見てとり上げる。その意味では商売ですよね。

ヘイト本の読者はネット右翼ではない

――もともと民族派右翼は一九六〇年代からずっと「YP（ヤルタ・ポツダム）体制打破！」みたいなこ

とを言っていたわけじゃないですか。それと韓国・中国に対する反感というのが接続しない感じがして、よくわからないのですが。

古谷　ぜんぜん接続しませんよ。（民族派右翼は）朴政権をいっしょに支えて北の共産主義を抑えていた人たちですから。ただ、そういう人たちはいままでサロンのなかでやってきたわけです。産経新聞・『正論』的なサロンです。ところがゼロ年代に入ってネットのなかでわーっときたときに、彼らは狼狽したんですよね、わかんないんで。いきなりネットの動画で「嫌韓デモ」が流れる。何十万もアクセスがあって、コメントも二〇〇〇ぐらいつく。それを見たときに、（民族派右翼は）ネットのことをなにも知らないので「これが世論だ！」と思っちゃうんですよね。彼らはおじいちゃんだから。それで自分の論調も転換していっちゃう。

『呆韓論』を書いた室谷克実だって、在特会の（当時）村田春樹だって、基本的には反共右翼だったはずなのに、いつのまにかそういうことを言わなくなった。室谷克実なんかはまだ愛着はもっているんでしょうし、西岡力さんなんかはまだ反共右翼で韓国の人たちと連帯したいと言っているけど。ただ編集者たちも反共右翼の時代を知らない人たちがいるじゃないですか。『WiLL』の編集部なんていちばん上でも三十代の後半ですから、わかんないですよね、反共時代なんて。「いまこういう時代に来ているし、竹島とかもあるし、慰安婦も捏造だっていっているじゃないか」というときに、「これを書いてください」と（編集者から）言われて、

「ぼくは反共右翼だから書けません」とは言えませんよね。そういう、なんか空気感というか。でもお酒の席では言うんですけどね、「昔、韓国人とつきあっていた」とか（笑）。お酒の席では言うけど、ネット動画とかでは絶対に言わない。ネットでは言わないけど、雑誌ではときどき書いている人もいますね。

――ネットでは許されないけど雑誌ならいいということですか？

古谷　ネット右翼というのは本を読まないので。タイトルしか読みませんから。

――古谷さんのいう「ヘッドライン右翼」ですね。

古谷　そう。ヘッドラインしか読まない。アマゾンとかのヘッドラインしか読みませんから。本を買ったとしても読まないので。

――嫌韓反中本を買うのは圧倒的に高齢者が多いようですが。

古谷　そうです。七十歳前後が中心ですから。ネット右翼はもう少し若くて四十代。彼らは動画に依拠しています。でも（ヘイト本のつくり手は）そういう構造を知らないので、四十代が買っていると思っているんですよね。最近はだいぶんわかってきましたけど。当時はネット右翼が買っていると誤解していた。寄稿している人が「韓国はけしからんという記事をオークラのムックに書きました」とツイートしたら、リツイートが一〇〇件以上も来るわけですよね。編集者は喜びますが、実際はそのうちの何人が買っているのか。買っているのは（リツイートする世代より）もっと上の世代なのに。

ネット右翼誕生の伏流、『戦争論』

――ネット右翼が跋扈《ばっこ》したきっかけとして、古谷さんは二〇〇二年に日韓で共催されたサッカーワールドカップを挙げていますが、そんなに大きな出来事だったんですか？　いまひとつピンとこなくて。

古谷　大きいと思いますね。ネット右翼って、基本的な性質は、嫌韓ではなくて反メディアなんですね。反大手メディアなんですよ。フジテレビ・デモにしても、筋論からすれば韓国大使館に行くべきでしょう？　でもフジテレビに行ったのは、反メディアだからなんです。反メディアがあり、そのなかに韓国とか中国とかがある。メディアが韓国や中国におもねっている、遠慮している、というわけです。韓国がイタリア戦やスペイン戦でラフプレーをした、それについてなぜメディアはいわないんだ、と。「それはメディアに巨大な陰謀があるからだ、在日に支配されているからだ」とか、「調べていったら電通だ。電通の会長が在日だからだ」と。嘘なんですけど、そういうふうにどんどん膨らんでいった。

あの時期、初めてのワールドカップで日本全国が燃え上がっていたじゃないですか。でも、そうじゃない層もいたわけですよね。その層の行き場がなかった。メディアはひとつも代弁しない、産経新聞も代弁しない。当時は保守系論壇誌も『正論』と『諸君!』ぐらいしかなく、そういうの（=大メディアは在日韓国人に操られている説）は扱わないですよね。じゃあどうするかといったらネットしかない。だからそこに逃げこんだだけで、最初からネット右翼がいたわけではないんですよね。あの当時の話を聞いていくと、「なんかこのプレーっておかしくない?と思っていて、ある日ネットを見たらおれと同じ意見が書いてあった。それでネットに出入りするようになった」という人が多いですね。居場所を探したらそこにネットがあった、というだけで。もし（彼らの思いを汲む）雑誌がひとつでもあったら、その雑誌の熱狂的なファンができたんでしょうけど。

――ネットに右翼がいたんじゃなくて、右翼がネットに飛びこんだ。

古谷　いま思えば、あそこが出発点だったというのは間違いない。最初のビッグバン直後の膨張の時代ですよね。ただし「2ちゃんねる」とかを見ていないとわからない。先にそれがあったからこそ、山野さんの『マンガ嫌韓流』が効いたんだと思いますね。ネット右翼の人って『マンガ嫌韓流』に影響を受けてないんですよ。なぜかというと、書かれているのはすでに知っていることだから。むしろ（小林よしのりの）『戦争論』のほうが大きい。山野さんはネット右翼というものを知らない人に「こういうふうにいっているんだ」と受けたんだと思うんですよ。あれに影響を受けてネット右翼になった人はあまり知らないですね。『戦争論』のほうが大きいです。『戦争論』はさっきおっしゃった「YP体制打破！」の漫画版にすぎないですけど、知らない人にとっては新鮮ですよね。

保守デフレ時代を生きのこる「経済右翼」

――ネット右翼の人たちはナショナリストではないんですよね。なんで反米に向かわないんだろうか。不思議じゃないですか。

古谷　それは、ネット右翼というのは思考力が低いから。彼らは自分の基礎的な歴史についての知識がないので、だれかに依存しないではいられないんです。産経新聞や『正論』など既存の保守は親米右翼です。ネット右翼は産経新聞や『正論』を読んではいないんですけど、そこに寄稿している人が動画とかで言っていることに依存する。櫻井よしこさんはじめ、ネット右翼が寄生する言論人は親米ですよね。いまの保守派主流。そうじゃない人もいますよ、西部邁さんとか。でも西部さんだと難しすぎる。「アプリオリ」とか言われてもわからないですから（笑）。

――西部さんだと「なんか難しいことを言っているなあ」と、関心の対象外なんですか。

古谷　ぼくは好きですけど。ネット右翼は西部さんのところに行かない。西尾（幹二）と西部

（邁）の区別もついていないと思います。櫻井（よしこ）さんぐらいが限界かな。

――はあ。

古谷　保守バブルの二〇〇九年～一一年ぐらいに、経済右翼というのが出てきたんですよ、世界観いっぱい。世界観はタカ派なんだけど、経済的ないろんな提言をする。メディアでは、世界観がタカ派な人は危険なので使わない。ところが、そこに経済が混ざっていると中和される感じがするので使われる。三橋（貴明）さんとか、藤井（聡）さんとか、中野（剛志）さん。上念（司）さんとかもそうかもしれないけど。いまのネット右翼の伸びしろは〇からせいぜい〇・二％ぐらいなんですよ。そこで新人をどうエンクロージャーしていくかで、経済右翼はたがいに争っている。ネット右翼は経済のことがちんぷんかんぷんなんですけど、経済右翼がメディアでときどきタカ派的なことを言うと、そこにみんな引っかけられるわけです。そのぐらいだとわかりやすいんですね。ネット右翼バブルのときに世に出てきた経済右翼がいま、保守がデフレであるなか、なんとか生きのびている。

――保守バブルのつぎは保守デフレですか。

古谷　そもそもが保守政権下ですから、共通の敵がいない。「中国が云々」と言いますが、それはもはや国民的関心事になっているので、保守派が出てくる幕がない。いっぱい専門家がいますので。反民主党といっても、いまさら耳目を集められない。

――安倍政権の成立そのものがネット右翼バブルを沈静化させたわけだ。

古谷　そういうことですね。やっぱり敵がいないとまとまらない。ネット右翼といっても、いろんな人がいるわけじゃないですか。完全にいっちゃっている陰謀論の人からそこそこ右翼の人まで、ものすごく幅があるわけですよね。それが反民主党でまとまっていったわけです。それがなくなったとき、分裂するのはあたりまえ。それがいまの状況ですよね。

ネットと無知の融合が生んだ都市伝説

――ネトウヨのいう「在日特権がある」という幻想は、どこでどう生まれたんですか？

古谷　ゼロ年代に入って同和対策特措法が終了しますよね。そのとき『別冊宝島』で『同和利権の真相』（二〇〇二年）が出ます。ネット右翼はあれと混同していますよね。あそこで書かれていた、関西での行政と同和団体の癒着――住宅費を払っていないとか、特別な融資があるとか、冠婚葬祭の費用を市役所が出すとか、運転免許の取得費を出すとか――それをぜんぶ在日コリアンに置き換えたのが在特会の主張です。同和と在日は根本的に違うものなんですけど、そのへんがわかっていない。

そもそもネット右翼には西日本のことがわからない。関東ですから。ネット右翼が東京と神奈川に集中しているのは、本当のことを知らないからです。在日コリアンのことも同和のこともなにも知らない。なにも知らない東京の中産階級がネット右翼の主体なんです。だから両者を混同する素地があった。彼らがネットで言っている在日特権は、『同和利権の真相』に書いてあることと同じですよね。だれかが意図的にやったのか、『同和利権の真相』を読んだ人がネットに書きこんだのか。いろんな人が書いたんだと思うんですよね。警察でも手出しできない地域があるんだとか、ある種の都市伝説です。ネットはそれが量産されていく空間なので。しかも東京の人間は実態を知らないので、「やっぱり在日特権があるんだ」と思っちゃう。

寺園（敦史）さんとか溝口（敦）さんとかが熱心にやってらしたのはすばらしいことだと思いますけど、それを、文脈をわからない人たちがある時期から在日コリアンに読みかえちゃったんですよね。昔はあったと思うんですよ、七〇年代とかには総連・民団の名刺を持って民暴みたいなことをやった人もいたと思うんですよ。でも、いまそれはないし。それを知らないで、いきなりネットで「国民の知らない在日特権がある！」とか書いてあるのを見ると、「ああ、やばい」と思っちゃうんでしょうね。ネット右翼の人たちは驚くほど西日本のことを知らないですよね。逆にいうと、ネット右翼って西日本にはあんまりいないんですよ。だって、言っていることが嘘だってわかっているから。

——古谷さんは立命館大学の学生のころ、どこに住んでいたんですか？

古谷　京都市北区の衣笠と、そのあとは大阪の寝屋川です。ぼくはゼミの先生が共産党系の部落問題研究所の人だったんですよ。共産党的にはもう同和問題は終わったことになっていますが、関西の同和地区をほとんどぜんぶフィールドワークしてまわりました。大阪や京都の人は知り合いに在日がたくさんいて、在日の実態もよくわかっています。まあ、関西の在日にやんちゃな人が多いのも事実です。警察沙汰を起こしたり、ヤクザになったりする人は関東に比べると多いとは思いますよ。でも、それは個人の素行不良であって。そもそも特権があったら逮捕されるはずがない（笑）。

ネット右翼というのは首都圏の中産階級、あるていど時間とお金に余裕のあるサラリーマンとか主婦とかが多い。初めてネットで在日特権なんていう言説に触れてカルチャーショックを受ける。在日コリアンと触れあったこともないし、身近に朝鮮学校も存在しないし、同和地区も存在しないというところで育つと、「やっぱりなんかあるんじゃないか」と思う人もいる。普通は思わないけど、なかには思う人もいるんです。

民主化以前の韓国をみんな知らない

――一連のヘイト本を読んでいて違和感をいだくのは、韓国の軍事政権時代などについての歴史認識と評価です。日本企業はかなり密接な関係があったわけですよね。もっといえば、日本の大手企業は韓国の軍事政権時代にかなり儲けさせてもらった。一方でキーセン観光（買春旅行）なんかで、一般サラリーマンもかなりえげつないことをやっていた。それで嫌韓なんて、ほんと恥知らずだなと思います。

古谷　そこはたぶんわかっていても書かないんじゃないですかね。『呆韓論』の室谷にしても、六〇年代のことは知らないんじゃないですか。彼が記者として韓国にいたのは八〇年代ですよね。嫌韓論を煽る論壇人はだいたい八〇年代以降の韓国しか知らないということじゃないですかね。

――民主化以降の韓国しか知らないと。

古谷　そうです。村田春樹が韓国で彼女をつくったのは八〇年前後だと言っていました。西岡力さんだって韓国に留学したのは八〇年代ですものね。知らないんですよね。ぼくもわからないですし。いま「韓国のことを知って嫌いになりました」という人は、韓国専門家という人でも八〇年代以降の韓国しか知らない。でも八〇年代以降の韓国しか知らない人が「自分は韓国通だ」と言うと、普通の人は信じちゃう。韓国の朴 正熙《パクチョンヒ》政権のことをどれだけ知っているの？　というとツッコミようもないし。反共から反日へじゃないけど、日本に対する態度が変わって「うっ？」と思ったところからしか知らないわけですよね、みんな。ただ八〇年代からは交流があるじゃないですか。そこを言わないのは卑怯ですね。韓国の右と日本の右の交流があって、学生交流とかいっぱいやっていたじゃないですか。その末裔の人たちも含めて言わない。言うのは西岡力さんぐらいで。それは卑怯かなと思うんですが。

——多くの人が、韓国に対しては冷静でいられないようなところがありますね。アメリカやイギリスのほうが日本より進んでいると言われても冷静でいられるのに、韓国のほうが日本より進んでいると言うと「そんなことはない」といきりたっちゃったり。

古谷　ぼくはむしろアメリカに対してのほうが冷静でいられませんけどね（笑）。それはやっぱり、人間ってもっとも近いものを攻撃しますから。客観的に韓国の所得とか、サムスンも含めて活躍していますし、日本はデフレですし、韓国に行っても日本と変わらないですし。韓国は普通の先進国になっちゃって、そういう意味でより（日本に）近づいているので。そういう人はファシストだったんじゃないですかね（笑）。ファシストはもっとも近いファシストを攻撃しますから。アメリカだと違いすぎて、なにを言われても「そう」っていう感じなんでしょうが。

——追い上げられ、追いこされるという恐怖でしょうか。

古谷　韓国に追いこされるということはないと思いますけど。追いこされると考えられるのはむしろ中国についてでしょう。実際に経済規模でいうと追いこされてしまいましたから。韓国はそういうこともないと思いますけど。

――嫌韓と言いながら、サムスンのスマホを使っていたり。

古谷 それはわかっていない。やっぱり戦前からの蔑視もあるんでしょうね。

――福沢諭吉時代からの。

古谷 もっとまえからあるんだと思いますよ。江戸時代からあると思いますよ。だって将軍がかわるたびに使節が来るわけじゃないですか。幕府は朝貢国だと思っていたわけですよね。日本型華夷《かい》秩序といいますか。中国に対してもありますし。この一〇〇年、蔑視は確実にあるじゃないですか。ある種の見下し感はあるのかもしれませんね。世代にもよると思います。若い人にはあまりない。ぼくはアメリカにはありますけどね。アメリカに言われたら腹が立つ。

自信がないから日本自賛本を読む

――書店などに訊くと、嫌韓反中本のブームは過ぎた、替わって出たのが日本礼賛本だと言われます。
古谷 昔からありますけどね。「ドイツと日本が何勝何敗」とか、ちょっと読んだけど意味わからないです。なんか、勝負するという構造自体が無意味ですよ。ドイツと日本を勝負させるという考え方自体、意味がわからない。

――ああいう自画自賛本が出てくる背景はなんですか。

古谷　本当に強い人間は強さを言わないのと同じです。バブルの時代の風俗を見ていくと圧倒的に自虐ですよね。「日本人はマナーも悪い」と、いま中国に対して言っているのと同じことを当時は言っていた。高度経済成長期でも、たとえば小松左京の『日本沈没』は「このままいったら大変なことになるぞ」みたいなことで書かれている。ぼくはSFが好きでよく見ているんですけど、（当時は）圧倒的に自虐なんですよね。いまのSFはどっちかというとディストピアじゃなくて、徹底的に戦っていくというか。『進撃の巨人』でも、あれはなにを見立てているのかわからないですけど、徹底的に敵と戦っていく。でもかつては日本が破滅していくパターンが多かった。それは自信があったからで。それが人間の心理でしょう。

いまはどう見ても衰退しているので、自国を賛美しないといけない。「いままで自虐史観だったから、ちゃんと言わないといけないんだ」と言いますけど、実際に自虐史観ってどれだけあったのか。教科書問題でも「教科書が自虐だから」というけれど、ぼくも含めて子供のころ、先生の言うことなんて聞いていない。覚えてませんよね、教科書に書いてあったことなんて。まじめに教科書なんて読んでいませんし。

――日教組の組織率はどんどん下がっているわけで、だったら右派の論理でいうと、日本の教育はどんどんよくなっているはずですよ。

古谷　そう。そもそも学校の先生の影響なんて受けないと思います。逆にいうと、影響を受ける子のほうがヤバイ。誇らなければいけないというのは、どこかに後ろめたさがあるからでしょうね。日本が衰退していくという数字がありますから。地方消滅とか。ネット右翼はそういうのをちゃんと読んだりしていないんでしょうが、そういうのを横目で見ながら、「本当はやばいんじゃないの。原発事故もあるし」と思いながら、打ち消したいというところに（日本自賛本が）マッチしていると思うんですよね。そういう購買層は高齢者に多いですよ。

――日本衰退の危機感と自信喪失が、日本自賛本のブームを支えているわけだ。

古谷　だって、いろんなデータを見ると日本がひどいのは一目瞭然なわけで。そこで「日本は大丈夫」と言ってきたのが経済右翼なんですよ。三橋、藤井、中野、上念。三橋さんって韓国に行ったことがないのに、「韓国経済崩壊」ってずっと書いてきた人なんですけど。あの本だって、韓国をディスっているようにみえて、「それに比べて日本は」という日本称揚と対になっている。あれも一種の日本礼賛なんですよ。藤井なんて公共事業バンザイみたいなことを言っていましたよね。日本のコンクリート技術は世界一なんだ、それに比べて韓国はグローバルに侵されちゃって貧富の差が拡大しているでしょう、と。中野もそうですよね。それは日本礼賛と対になっている。そこらへんが経済右翼のうまいところですね。

――経済右翼の本が読まれるのは、読者にとっての願望が書かれているからでしょうか？

古谷　願望は櫻井よしことかそっちじゃないですか。産経新聞、『正論』、『WiLL』とかの保守。経済右翼はもっとトリッキーなことを言う。日銀が支配しているんだ、NHKは嘘をついているんだ、と。それは願望とは違う。願望をなぞっているのは、もうちょっと普通の、論壇誌に出てくる保守系の普通の人。田母神《たもがみ》（俊雄）さんは願望をなぞっていたんじゃないですか、「中国とやったら日本が勝ちます」とか。「日本が中国と戦ったら財務省の陰謀で日本が負ける」と唱えるのが上念さんですから。そこまでいくと、聞いているほうは一瞬フリーズするわけですよ、よくわからないから。ショック療法みたいにして「そうなんだ」と思わせて、毎月セミナーで課金していくというパターンは、願望をトレースするだけじゃできないですよ、もっと上のことを言わないと。

ヘイト本ブームが去っても

古谷さんの話の面白さは芸にまで達していて、思わずそのまま載せてしまったが、古谷さんの主張はつぎのようにまとめることができるだろう。

・ヘイト本ブームは去った。

・ヘイト記事を多く載せていた右派系論壇誌も、多くが撤退して四割がた減った。その理由は売れないから。
・右派系論壇誌の編集者は三つに分類できる。1―「売れるから」と、読者を内心でバカにしつつつくる編集者で、これが主流。2―排外主義的な言説を信じてつくっている編集者で、こちらは少数派。青林堂社長や、『別冊正論』の元編集長などが該当。3―もともと右寄りの思想をもってはいるが、在特会的な主張とは相容れず、バランスを保ちながらつくっている準主流派。元『WiLL』、現『月刊Hanada』の花田紀凱らが該当。
・ネトウヨ（ネット右翼）とヘイト本の読者層はあまり重ならない。ネトウヨの中心層が四十代であるのに対して、ヘイト本読者は七十歳前後。
・ネトウヨは知性に劣り、書物を読みこなすことができない。したがってヘイト本も（購入したとしても）読んではいない。
・ネトウヨと反共右翼、民族派右翼は重ならない。
・ネトウヨは民主化以前の韓国史・日韓関係に対する知識がない。
・嫌韓のきっかけとなったのは二〇〇二年サッカーワールドカップ日韓共同開催であり、それは韓国代表チームのラフプレーなどを既存大手メディアがとり上げないことに対するメディア不信だった。ネトウヨというのはメディア不信・反大手メディアであって、嫌韓・

反中はそのなかでたまたま選ばれた題材にすぎない。

・在特会の「在日外国人には知られざる特権がある」という主張は、『別冊宝島』が『同和利権の真相』でとり上げた「同和利権」を、そのまま在日コリアンにあてはめただけのものでなんら根拠がない。同和地区出身者とも在日コリアンとも日常で接点の少ない首都圏在住者はそれを鵜呑《うの》みにしてしまった。在特会が西日本に少なく、首都圏に集中している理由である。

・ネトウヨが親米なのは、現在の保守論壇の主流派が櫻井よしこなど親米右翼だから。ネトウヨは自分で考えることができないので、わかりやすい右派の言説に寄生する。

・ヘイト本バブルがはじけ、右派論壇がデフレ状況に陥ったなか、出現したのが経済右翼だった。経済右翼は経済状況や施策を語ることでメディアで重用されるが、ときどき右翼的世界観を語ることでネトウヨを引っかけることができる。

・日本自賛本がブームなのは、客観的に日本の状況が悪いから。

こうして箇条書きにすると身も蓋《ふた》もない話ではあるが、なるほどと思うところもいくつかある。たとえば嫌韓・反中以前にあったマスメディアへの不信感である。それが日韓共同開催されたワールドカップで吹き出たという主張については、サッカーをはじめスポーツ全般に興味をもっていないわたしには信じがたいが、ヨーロッパでのフーリガン問題や、あるいはJリーグでも起きた排外主義的事件などを考えると、サッカーにはそういうものをたきつけるなにかがあるのかもしれないとも思う。もちろんそれはスポーツとネトウヨ、あるいはヘイトに親和性があるとかそういうことではない。

ネトウヨの知性が劣っているかどうか、わたしには判断する材料がないが、「在日特権」という虚構が「同和利権」のパクリだったというのは、なるほどと思う（ただ、同和問題については、長い歴史があり、表層だけとらえての利権叩きは間違っているとわたしは考えている。宮崎学のことばを借りるなら、利権をとり上げるなら差別も皆無にしろ、差別を残しておきながら利権だけ問題にするな、ということである）。しかし、いくらネトウヨに冷笑を浴びせたところで、本屋の店頭でヘイト本が展開されている状況は変わらない。もし、ヘイト本ブームが去っても、その読者層がネトウヨと重ならないのであれば、ヘイトの状況も変わらないということにもなる。いやな感じだ。

2

ヘイト本の現場を読み解く

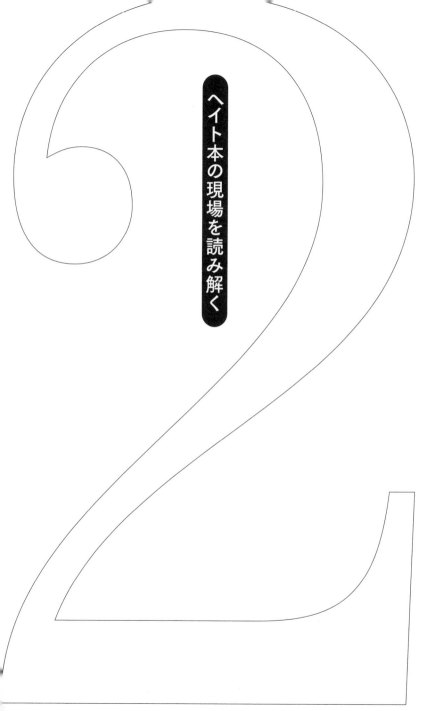

川上から川下まで――出版界はアイヒマンか

ここまでヘイト本について、書店、取次、出版社、編集者、書き手と、ひととおり話を聞いてきた。「川上から川下まで」は出版業界でよく使われることばだが、その逆を辿る順で見てきたわけだ。

「出版界はアイヒマンだらけ」というのが率直な感想である。ハンナ・アレントがアイヒマン裁判についていだいた気持ちを連想した。取材に応じてくれた人びとがアイヒマンだ、というのではない。彼らの話を通じて、ヘイト本にかかわる人びとはみなそれなりにアイヒマンである、と思った。

アレントはユダヤ人虐殺に手を貸した者たちが、けっして悪魔のような存在ではなく、目のまえに与えられた仕事を淡々とこなすだけでその仕事の意味については深く考えようとしない、いたって凡庸な人びとであることを発見した。それと同じく、編集者にとっても取次の従業員にとっても、そして書店員にとっても、ヘイト本は他人事でしかない。たとえその本がみずから書いたり編集したり売ったりしているものであっても、しょせんは他人事なのだ。

もちろんわたしだって、「世の中のすべての本は丹精こめてつくられたものであり、つくり手の熱い思いがこめられている」なんてナイーブな幻想をいだいてはいない。食っていくために「しかたなく」つくられている本も多いだろう。「しかたなく」でなくても、「ほんのちょっとした思いつき」だったり。書店の平台に並んでいる新刊の多くは、そうしたやっつけ仕事だ。

ヘイト本はポルノとは違う

とはいえ、ヘイト本にかかわる人の多くは、心のどこかで後ろめたさをいだいているのではないか。たとえば自分の親や子供に「こういう本をつくっているんだ」と胸を張っては言えないだろう。その意味でもヘイト本はポルノに似ている。わたしもポルノ雑誌にかかわっていたことがあるので、その気持ちはわかる。いや、ポルノに限らず、出版という行為、あるいは表現という行為には、なんらかの後ろめたさがあるものだ。だれかを傷つけていないか、だれかを不快にしていないか、と。

わたしがポルノ雑誌にかかわっていたころ、亡くなったＡＶ監督の鬼沢修二に「オレたちは裸になる女の子たちのおかげで食えているんだ。間違っても女の子たちより偉いなんて思うなよ。オレたちはチンチンのカス以下の存在でしかないってことを忘れちゃいけないぞ」と忠告されたのを覚えている。ならばヘイト本の関係者は、韓国・中国に在住もしくは両国にルーツをもつ人びとのおかげで食えているのだ。

しかし、ヘイト本はポルノと同じではない。たしかに多くのポルノは性差別の構造の上に成り立っていて、差別を助長する性質があるし、公正さに欠いた幻想を振りまく。でもポルノは性差別を目的にし、差別を助長することを目的にし、そこに登場する女優あるいは社会の女性一般をおとしめることを目的にしてつくられるわけではない（結果的にそうなってしまっているものが少なからずあるが）。ところがヘイト本は、特定のだれかを傷つけ、怯えさせ、ダメージを与えることを目的としてつくられている。ポルノはポルノでも、リベンジ・ポルノに近い。凶器としての表現物だ。それは在日コリアンを死に至らしめるほど傷つける。朝鮮半島にルーツをもつ日本国籍の人も、そのパートナーや家族、友人をも。

自分がつくった本を「ヘイトだ」と批判され、「ヘイトと言うほうがヘイトだ」と言い返した編集者がいた。彼はヘイト――ヘイト本であれヘイトスピーチであれヘイトクライムであれ――それをたんなる悪口だとしか思っていないのだろう。まえがきでも述べたように、hateを「ヘイト」とそのままカタカナにして日本語の文脈に放りこんでしまったことの弊害があらわれている。ヘイトは悪口ではない。差別を拡大し、憎悪とそれによる行動をそそのかし、特定のだれかを傷つけ、傷つける側の快感を喚起する麻薬のようなものだ。ヘイトは特定の人を攻撃し、恫喝し、怯えさせ、アイデンティティを傷つけ、肉体的暴力や生命の危険を暗示することによって苦しめるサディスティックな行為だ。ことばによる暴力なのだ。ヘイトスピーチやヘイトクライムとヘイト本は、本質的に同じであり、ヘイト本がヘイトスピーチ、ヘイトクライムにいわば御墨付きを与えている。

韓国や北朝鮮の政府や政治家や政策を批判するのならわかる。だが、民族性や文化をさげすみ、ののしることになんの意味があるのだろう。朝鮮半島にルーツをもつ人びとをいやな気持ちにさせ、怯えさせ、世の中の差別と分断を広げることにどんな益があるというのだろう。差別と分断が広がって世の中が住みにくくなれば、その害はかならずマジョリティである日本人にも及ぶのに。そのことに思いが至らず「ヘイトと言うほうがヘイトだ」などと、まるで「バカって言うほうがバカなんだよ」という幼稚園児の喧嘩並みのことをいう編集者は知能と感性が劣化している。

わたしが「出版業界はアイヒマンなのか」と思ったのは、個々の関係者が積極的に排外主義を広めたり、在日外国人を怯えさせたりしようと思っていなくても、「それが与えられた仕事だから」という理由でヘイト本を編集したり売ったりして、結果的に差別を拡大し憎悪を扇動することに加担しているからである。普通のドイツ市民がユダヤ人虐殺に加担したように、普通の書店員がヘイトに加担している。出版業界にいる人は、自分も差別の拡大と憎悪の煽動に手を貸していることを自覚すべきであり、自分の手は汚れていると思うべきだ。後ろめたさを感じていない出版業界人は信用できない。

ホロコーストも、こんなふうに

アイヒマンからの連想でいうと、嫌韓反中本ブームの問題は、ナチ時代のユダヤ人問題に似ていると感じる。ヘイト本の標的となっている人びとがユダヤ人に似ているというのではない。嫌韓・反中を煽り煽られる日本人と、反ユダヤ人を煽り煽られたドイツをはじめとするヨーロッパの人びととが似ていると感じるのだ。

在特会が主張する「在日特権」なるものは虚構だ。古谷経衡がいうように、「同和利権」と混同したか、あるいは故意に読み替えてでっちあげたものだろう。しかし、でっちあげであれなんであれ、「不当に利益を得ているヤツがいる」「彼らを許すな」と焚きつけられ、燃え上がる人びとがいる。しかも彼らのなかの少なからぬ人びとは正義感に駆られ、それが正しいことだと信じている。八〇年まえのドイツでも、現代の日本でも同じようなことがあった。人は目のまえに共通の敵があらわれるとにわかに徒党を組み、興奮し、理性を失い、熱狂し、陶酔する。学校のイジメと同じだ。集団のなかでだれかを生け贄《にえ》にすることで、生け贄以外の人間が集団を構成し、結束を強める。しかもそこには高揚感と快楽がともなう。イジメは楽しい。イジメる側はスポーツをしているような気分かもしれない。だが生け贄にされる人にとってはたまったものではない。中世の魔女狩りも似たようなものだったのか。

ナチ政権下でユダヤ人狩りがおこわれているとき、ユダヤ人たちはどんなに恐ろしかっただろう。しかも、ナチ党員でもない一般のドイツ人やポーランド人やフランス人が、密告したり、暴行したりすることもあったのだから。もっと悲惨なことに、ユダヤ人がユダヤ人を売ることもあったのだから。

ヨーロッパの人びとをユダヤ人殺しに駆り立てたのは、ユダヤ人が特権をもっているとか、世界征服をしようとしているとかいう妄想だった。時間がたってから冷静に考えると、「ありえないよ。小説のネタにするにもリアリティ不足だね」と笑ってしまうような妄想に、多くの人びとが踊らされた。人は騙《だま》されやすい。騙されやすいからこそ、差別は拡大されやすく、憎悪は扇動される。そこに火をつけ、燃料を供給するのがヘイト本だ。

いま、欧米のイスラム教徒や中東出身者が「自分もテロリストと混同されてひどい目に遭うのではないか」と怯えるように、あるいは、ＫＫＫの亡霊に怯えるアフリカ系アメリカ人たちのように、在日コリアンは不安な日々をすごしている。自分や家族が傷つけられるのではないかと。幼い子供をもった人は胸がつぶれる思いだろう。「ナチスがやったことは許せませんね」「ＫＫＫは狂っている」と言う人が、同じ口で「在日特権は許せません」と語る世界にわたしたちは生きている。嫌韓反中本ブームを見ていて、「ああ、ナチのユダヤ人虐殺って、こんなふうに広がっていったんだな」と思う。こんなふうにして関東大震災の直後の東京では朝鮮人虐殺が起きた。いま、また大震災が起こったら殺されるのは、わたしかもしれない。

在日コリアンの人びとが安心して暮らせないまちづくり（というのも奇妙な言い方だが）に、出版業界が加担している。学校帰りの中学生がマンガを立ち読みするような小さな町の本屋が、差別の拡大と憎悪の煽動に力を貸している。もしもその中学生が在日コリアンで、祖父母や曾祖父母の母国が侮蔑されている本が並んでいるのを見たら、『ONE PIECE』や『進撃の巨人』を楽しみにしていた気持ちも吹き飛んでしまうだろう。自分はこの世界に歓迎されていないと感じるだろう。入荷してきたヘイト本を書店員が店頭に並べるたびに、その街のだれかが傷つき、泣いている。そのことに出版業界にいる者は無自覚ではいけない。

書店への幻想――書店員は本を選べない

ここ数年、小さな独立系の書店がつぎつぎと誕生している。店舗数でいうと全国に一万一〇〇〇店ほどある書店のうちのごくわずかでしかないが、もはや無視できない勢いとなっている。こうした新しい独立系書店がかつての「町の本屋」と違うのは、店主・店員による選択的な仕入れを重視していることだ。いわゆるセレクトショップ型の書店である。「セレクト書店」と呼ばれることもある。「セレクト書店」という形容に、「いままではセレクト（選択）していなかったのか」とツッコミをいれたくなるが、実際そのとおりで、これまでも何度か述べてきたように「町の本屋」の多くは本を選ばない、というか、選べない流通構造になっている。

ほとんどの本は取次から自動的に配本される。たいていの書店は、来週、自分の店にどんな本が入ってくるのかすら知らない。取次から届いた段ボール箱を開けてはじめて、仕入れた本を知る。売りたいと思ったわけでもない本が勝手に届き、しかもその仕入れ代金は取次からすぐ請求されるのだから、出版業界の外から見るとかなり奇妙なシステムである。

セレクト書店はヘイト本を選ばない

これに対してセレクト書店は、取次による見計らい配本というシステムを採用していない。仕入れるのは自分で選んだ本だけ。あちこちのセレクト書店をのぞいて気がついたのだが、そこではヘイト本を見かけることがほとんどない。仮にあったとしてもわずかで、目立つところに堂々と平積みになっていることはない。そうなのだ、ヘイト本は書店主・書店員が積極的に置きたくなるような本ではないのだ。ヘイト本はセレクト書店が選ぶような本ではない。だったらほかの書店も置かなければいいのにと思う。

「(個人としては内容に賛同できないけど) 求めているお客さんもいるので」とか「商売なので」という口実は、ようするに「売れるから売る」「買う人がいるから売る」ということだ。それは同時に、「その本で傷ついたり怯えたりする人がいても売りますよ」という開き直りと同じである。しかし、セレクト書店はヘイト本を置かなくても経営が成り立っているのだから、どうしても置かなければならない本ではないはずだ。それが積極的であれ消極的であれ、店頭に置いている、売っているということは、書店がその本の存在意義を認めているということであり、その本が社会に及ぼす影響についての責任は書店も問われなければならない。「わたしは本屋なんで、本の中身は関係ありません」という言い訳は通じない。

とはいうものの、書店の現場の実情を知ると、個々の本の中身について書店と書店員が責任をもつのは無理だな、と思わなくもないのである。扱っているすべての書籍・雑誌について責任をもつのが理想ではあるけれども、現実はそうなっていない。この二〇年、どの書店も慢性的な人手不足である。経営を続けるためにあちこちの経費を削って、人件費もとことん削って、なんとかしのいでいるのがいまの書店の実情だからだ。従業員を増やそうにもお金がない。

たとえばチェーン店の場合は、ひとりの店長が「エリアマネージャー」とかなんとかいう肩書きで、四店舗も五店舗も管理していることがある。それぞれの店舗では全員がアルバイト学生とパートタイマーだったりもする。そうした店ではレジのキャッシャーと入荷した書籍・雑誌を開梱して店頭に出して並べる仕事とで従業員は手いっぱいになっていて、とても入荷した本一点一点の中身までは吟味できないというのもわかる。

だが、それがヘイト本かどうかはタイトルでわかる。タイトルだけでわかるようにつくられているのがヘイト本だから。書店でひと月も働いていると、サブタイトルや帯のコピーを見れば、内容も想像がつくようになる。せめてそういう本の扱い方だけでも変えることはできないのか。忙しいことは言い訳にならない。

「書店＝アリーナ論」は有効か

もういちど福嶋聡の「書店＝言論のアリーナ論」に立ち返って考えてみたい。わたしも「言論のアリーナ」は理想だと思うが、現実的には、アリーナになりえる書店は少ない。いまの書店はあまりにも余裕がない。余裕がないからヘイト本が書店店頭に跋扈したのであって、書店空間をアリーナたらしめるためには、書店員のやる気だけでなく、経営者と従業員の知識と見識、そして時間的かつ肉体的かつ精神的な余裕が必要である。

アリーナになれない書店はどうすべきか。

一店だけでは無理でも、複数の書店・書店員によって共同化していけば可能かもしれない。たとえば本屋大賞がそうであるように。本屋大賞は書店員が自分たちで賞を創設して運営することによって、大衆文学系文芸書についての知の共同化・共有化が可能になった。一店の書店、ひとりの書店員では無理なことでも、複数の力によって書店空間を言論のアリーナにすることはできるかもしれない。ただしこれは両刃の剣である。一歩間違えると、多数の書店がいっしょになって特定の本を流通から排除することになりかねないし、それは言論機関として危ういことでもある。そう考えると、やはりアリーナは単独で形成すべきなのか。

また、書店の空間において言論を闘わせることでヘイト本による犠牲を減らせるのか、という実効性についても考えてみなければならない。並べるだけ並べて、「言論のアリーナですよ、あとは読者の判断におまかせしますよ」ということにすれば、ヘイト本に傷つく人、怯える人を救うことはできるのだろうか。ヘイト本と反ヘイト本には対称性があるのだろうか。第三者がヘイト問題について考えるよい機会にはなりえるけれども、それでヘイトの当事者が守られるわけではない。いや、「わたしを排除しようとする本だけじゃない。わたしを排除しようとする人びとを批判する人びともいる」と認識することで、助けにはなるのか……。どうだろう。たとえヘイト批判本の隣であっても、そこにヘイト本は「ある」。アリーナはだれにとってのアリーナなのか。そこで攻撃対象となっている人はどうなるのか。ヘイト本の脅威にさらされている当事者も含めて、もう少し考える必要があるのではないか。

本屋大賞の成功と「カリスマ書店員」と

書店関係者と話していると、彼らは「書店というメディア」の影響力を過小評価しているのではないかと感じることがある。書店は当事者が思っている以上に、社会への影響力が大きいことに気づいていない。多くの人は、「書店に置いてあるから」というだけで信頼し、「書店員が選んだのだから」と期待して書籍を購入する。その象徴的なイベントが本屋大賞である。先ほど、複数の書店員による知の共同化システムとしての本屋大賞について触れたが、もう少し考えてみよう。

書店員は本のことならなんでも知っているか。もちろんそんなことはない。しかし、わたしたちには「すべての書店員は本のことをよく知っている」という思いこみがある。「最近の書店員は本のことをろくに知らない」という批判はよく耳にするが、それは「なんでも知っている」という思いこみがあるからこそ生じるものだ。

ふた昔まえに「カリスマ書店員ブーム」があった。ちょうど本屋大賞が始まったころで、本屋大賞の実行委員になった書店員が、あちこちのメディアで「カリスマ書店員」として紹介された。当時は美容師とか洋服店の店員とか、あちこちで「カリスマ」ばやりでもあった。たしかに彼らは本についての知識もあるし、書店業というビジネス、出版業界の構造などについても見識をもっている。だが、多くの「カリスマ書店員」はそう呼ばれることに困惑し、憤っている人もいた。

やや脱線するが、本屋大賞が生まれた背景には、直木賞はじめ既存の賞に対する不満と批判だけでなく、出版の流通とビジネスに対する不満と批判も大きかった。たとえば芥川賞は受賞作が発表される時点ではまだ書籍になっていないことが多い。直木賞でも受賞決定時点で出版社に在庫がない場合が少なくない。つまり、話題にはなっているけれども売るものがない。出版社は受賞が決定してただちに単行本の刊行や重版・増刷にとりかかるが、書店店頭に並ぶまでにはしばらく時間がかかる。売りたいときに肝心の本がない。せっかく世間で話題になり、「読みたい！」と思っている客も多いのに。本ができあがって書店に入荷したころには読者の熱も冷めてしまって、売れ行きはいまひとつ。それならば、受賞決定と販売が直結するような賞をつくろう……ということでできたのが本屋大賞である。決定と同時に全国の書店に受賞作が並ぶようになっている（いつもながら感心するのは、情報管理が徹底していること。受賞作は発表式よりもかなりまえに決定していて、出版社にも伝えられ、出版社は増刷し、各書店に配本済みである。それにもかかわらず、当事者以外にはほとんど情報が漏れない）。

誤解している人もいるかもしれないが、本屋大賞は「もっともすぐれた作品」を選ぶ賞ではなく、「もっとも売りたい本」を選ぶ賞である。

二〇一七年の本屋大賞に恩田陸の『蜜蜂と遠雷』が選ばれたとき、「埋もれた名作・秀作を掘り起こすのが本屋大賞の役割ではないのか。権威である直木賞を受賞した作品に与えるのは、違うのではないか」と批判する声があった。アンチ直木賞と思うからそういう批判が起きるのだが、しかし、本屋大賞はそういう賞ではない。

そもそも、本屋大賞の選考システムでは、内容的にすぐれた本を選ぶのは不可能だ。なぜなら本屋大賞は人気投票方式だから。全国にある書店数は一万一〇〇〇店あまり。それに対して文芸書の初版部数は三〇〇〇部から五〇〇〇部ほど。全国の書店に並ぶような本は、初版部数が万単位のベストセラー作家のものか、すでに版を重ねてある程度売れている本だけだ。初版三〇〇〇部で重版されていない本が本屋大賞でノミネートされることはほとんど不可能だ。人気投票方式であるかぎり、埋もれた名作が本屋大賞になることはない。本屋大賞とは「すでに売れている本を、もっと売るための賞」なのである。

たとえば二〇一三年の本屋大賞は百田尚樹の『海賊と呼ばれた男』で二七八・〇点だった。このときの投票で第二位の横山秀夫『64』との点差はわずか一二点。三位は原田マハの『楽園のカンヴァス』で、一位との差は三九・五点。つまり『海賊と呼ばれた男』の圧勝ではなかったのある。それは『舟を編む』（三浦しをん、五一〇・〇点）が二位『ジェノサイド』（高野和明）に一五〇点以上の差をつけて一位になった二〇一二年や、『ゴールデンスランバー』（伊坂幸太郎、五〇九・五点）が二位『サクリファイス』（近藤史恵）に二〇〇点近い差をつけて一位になった二〇〇八年とはあきらかに違う。

二〇一三年は中脇初枝『きみはいい子』（四位）や西加奈子『ふくわらい』（五位）、宮部みゆき『ソロモンの偽証』（七位）、伊藤計劃《けいかく》・円城塔《とう》『屍者の帝国』（一〇位）など、評価の高い作品が集中した。この年は票が割れたのだ。もしもこのなかの一作でもノミネートされなかったら、投票結果は大きく変わっていたかもしれない。

本屋大賞は実行委員である書店員たちの予想を超えて成功した。毎日新聞読書世論調査（第七一回）によると、知名度は芥川賞・直木賞に次ぐ第三位で、三島由紀夫賞・山本周五郎賞などよりもはるかに知られる賞となった。受賞が本のセールスに直結するという点では芥川賞・直木賞以上の力をもっている。まさに「いちばん売りたい本」を選び、「いちばん売った」のである。

しかし『海賊と呼ばれた男』と二位『64』との点差がわずかだったにもかかわらず、販売数では大差が開いた。このことの意味は大きい。それは二〇一三年に限ったことではない。毎年、本屋大賞の第一次投票上位一〇作が発表されると、多くの書店では全作を陳列する。しかし、いちばん売れるのは一位の作品で、二位以下はあまり売れない。まるでほとんど存在しないかのように。それは読者／消費者が一位以外に関心をもたないからである。そして、消費者が一位にしか関心をもたないのは、「面白い本を読みたい」というよりも、「話題になっているから読んでみるか」と思うからだ。

「二位じゃだめなんでしょうか？」という名言があったが、ビジネスにおいては一位と二位では天と地ほどの違いがあり、二位ではだめなのである。

ひろがる誤解、ふくらむ幻想

本屋大賞の知名度が高まるとともに、本の広告宣伝に書店員のコメントが使われるようになった。書店員のコメントが本の帯や新聞広告などに使われるようになった。これには出版社と書店、双方の思惑が働いた。出版社は書店員に読者との橋渡しを期待している。書店員は読者にもっとも近いところにいる存在であり、日ごろから読者とじかに接している存在だから。書店の側には、広告宣伝に協力すればベストセラーの配本が優遇されるだろうという思惑があっただろう。この広告宣伝への書店員コメント利用によって、一般読者の書店員に対する「書店員は本のことをよく知っている」という幻想はさらに大きくなった。

出版社が本の刊行まえにつくる仮刷りの見本を「プルーフ」という（「プルーフ版」「プルーフ本」とも）。最近はこのプルーフを書評家や有名書店員に配布する出版社が増えた。「カリスマ書店員」のもとには、毎日、何冊ものプルーフが届く。書店員はまじめな人が多く、文字どおり寝食の時間を削ってプルーフを読む。勤務時間中に読む暇はないので、プライベートな時間を削るのだ。書店員の多くは本が好きでこの仕事についているから、市販されるまえの作品を読めるのは喜びでもある。だが、そこにつけこんで、ほとんど金銭的な見返りもなしにプルーフを押しつけ、コメントをとる出版社のやり方は「生きがい搾取」ではないか。

本屋大賞が始まったころ、大賞受賞作の本を陳列した横に「すべての書店員が選んだわけではありません」というPOPをつけた書店があると話題になったが、たしかに本屋大賞を選んだのは全国の書店員のうち、ごくごく一部でしかない。

たとえば二〇一七年は一次投票したのが四四六書店五六四人、二次投票では二八八書店三四六人だった。全国に書店数は一万一〇〇〇店ほどあるから、店舗数でいうと、一次で三~四パーセント、二次では二~三パーセントでしかない。その二~四パーセントの書店員が本の市場を大きく動かしている。

このように、本屋大賞は二重三重の幻想に包まれている。こうしたカラクリを知らない人にとって、本屋大賞受賞作は全国の書店員が選んだすぐれた本であり、読むべき良書と受けとられる。またそれは、書店員は日ごろから本をよく読んでいて、本をよく知っているのだ、という幻想にもつながっている。そして、出版広告や本の帯に書店員のコメントが多用されることによって、一般の書店員に対する幻想はさらに強化されている。

だが、実態は違う。たしかに一部には、日ごろから本をよく読み、知識・見識のある書店員も存在する。でもそれは書店員全体からするとごく一部でしかない。二〇一九年の本屋大賞二次投票に参加したのは三〇八店だった。この約三〇〇という数字は象徴的だ。これは人文系・社会科学系の専門書を刊行する出版社の常備契約店の数とほぼ同じである。初版三〇〇〇部から五〇〇〇部の文芸書が配本される本屋はせいぜい数百店にすぎない。わたしが好きだった「町の小さな本屋」の多くは、この初版配本から外れてしまう。世間の人が漠然と抱いている本屋と書店員に対するイメージと現実とのギャップは大きい。

選ばないのか、選べないのか

くり返し述べてきたように、たいていの書店に並んでいる本は、その書店が選んだものではない。その本を選んだのは取次で、取次が選んで送ってきた本を並べるのが書店の仕事である。ただし「選んだ」といっても、取次の担当者が一点一点の本の内容をよく吟味し、一店一店の書店の特性を考えて選ぶわけではなく、初版部数やジャンルなどに応じて機械的に決めている。書店は、ときには送られてきた本を店頭に並べずにすぐ返品することもあるが、ほとんどの場合は送られてきた本をそのまま並べている。

これはわたしの推測だが、取次が送ってきた本をそのまま並べるのは（積極的に売りたくない本であるにもかかわらず、返品してしまわないのは）、入荷時にいちど請求と支払いが成立していることが大きいのではないかと思う。

見計らいで送られてくる本の取引条件は、出版業界で「委託」と呼ばれるが、一般的な意味での委託ではない。一般的な委託は商品が売れたあとで代金を精算する。たとえば中古家具屋に椅子を置いてもらう場合を考えてみよう。値段は三万円。売れたら一万円の手数料を中古家具屋に支払うという約束をしたと仮定する。売主の手元に入ってくるのは二万円だが、椅子が売れるまで売主にお金は入ってこない。ところが出版界の「委託」は、本が書店に入荷すると、書店は取次に（そして取次は出版社に）、マージン（販売手数料。粗利）を引いたぶんの代金を支払う。書店のマージンはだいたい二〇パーセントから二五パーセントで、取次のマージンは七〜九パーセントぐらいだ。この取引形態を「委託」と呼ぶのは誤解のもとなので、正しく「返品条件つき仕入れ」と呼ぶべきだ。

取次から送られてきた本は代金を支払っているから、書店は「（内心は積極的に売りたくなくても）売れるものなら売ってしまいたい」という気持ちになるだろう。たとえヘイト本であろうとポルノであろうと。ヘイト本が跋扈するのは、こうした日本の出版流通システムの特殊性に原因がある。

注文を受けたわけでもない本を書店に送る取次。積極的に売りたいわけでもない本なのに、とりあえずそれを店頭に並べる書店。その過程では商品を主体的に選別・選択するという行為が欠けている。出版された本がただ流れていくだけ。すべてが自動的におこなわれ、そこに人間はいいない。

取次による見計らい配本と括弧《かっこ》つきの「委託」というシステムが、個々の書店員／書店経営者からひとつひとつの商品に対する判断機会を奪い、労働から自己を疎外させている（206ページ参照）。書店員にとって店頭に並んでいる本は、自分が主体的に選びとった行為の結果ではなく、よそよそしい他人事の風景でしかない。ヘイト本はそのあらわれである。

ところが読者／消費者からは、店頭には書店員が選んだ本が並んでいるように見える。安心感と信頼感のもとに本が買われていく。それがいまの多くの書店の実態である。

こうした無責任な流通の根源をたどると、明治時代にさかのぼる日本の出版流通システムに行き着く。約一〇〇年まえから書籍は雑誌に便乗するかたちで流通してきた。そして、この一〇〇年間、雑誌はよく売れて儲かる商品だった。日本の出版流通システムは雑誌を全国津々浦々の書店に届けるために整備され、雑誌とは違って少量多品種の書籍は、雑誌のついでに配送されてきた。「選ばない」書籍の流通システムは、雑誌に寄生することで成り立ってきた。

多くの書店は「選ばない（選べない）」ので、個々の書籍について深く考えない。だから品ぞろえや陳列に対する責任感も弱い。置いている本、販売した本が、世の中にどういう影響を与えているかについても考えない。

栗田出版販売の専務だった畠山貞《さだむ》はかつて、「再販制と委託制は出版社も書店もスポイルした、出版社はモラルなく本をつくって書店に押しこみ、書店はモラルなく返品するようになった」とわたしに語った。さらに九〇年代後半以降、書店の現場で進んだ人減らしが、出版流通システムの負の側面を拡大した。多くの書店は疲弊していて、もはや「選ぶ」余裕がない。ヘイト本が無批判に並ぶ風景は、その結果であり、象徴である。

取次の岐路――いまのままでは維持できない

日本国憲法はつぎのようにさだめている。

第一九条　思想及び良心の自由は、これを侵してはならない。

第二一条　集会、結社及び言論、出版その他一切の表現の自由は、これを保障する。

二　検閲は、これをしてはならない。通信の秘密は、これを侵してはならない。

扱う本を内容によって選別しないという取次の姿勢は、憲法のこの条文に照らしあわせても妥当なものだ。どのような理由であれ、いちど選別の道を開いてしまうと、恣意的に運用される可能性がある。たとえヘイト本であっても、それが合法的に出版されたものであれば、本の内容を理由に取次がとり扱いを拒否するようなことはあってはならない。

ただし、日本国憲法にはつぎのような条文があることにも十分に注意を払う必要がある。

第一二条　この憲法が国民に保障する自由及び権利は、国民の不断の努力によつて、これを保持しなければならない。又、国民は、これを濫用してはならないのであつて、常に公共の福祉のためにこれを利用する責任を負ふ。

第一三条　すべて国民は、個人として尊重される。生命、自由及び幸福追求に対する国民の権利については、公共の福祉に反しない限り、立法その他の国政の上で、最大の尊重を必要とする。

自由および権利は乱用してはならない。つねに公共の福祉のためにこれを利用する責任を負う。ならば、ヘイト本は権利の乱用ではないか。ヘイト本は公共の福祉に反しているのではないか。そう考えることもできる。通称ヘイトスピーチ規制法、正式名称「本邦外出身者に対する不当な差別的言動の解消に向けた取組の推進に関する法律」は二〇一六年六月に施行されたが、その成立過程で議論になったのが表現の自由との兼ね合いである。

ヘイト本であることを理由に取次がその本のとり扱いをやめたら、ヘイト本に傷つく人は減るかもしれない。しかしいちど内容による選別を許してしまうと、つぎはヘイト本ではない本についても、さまざまなことを理由にとり扱いをやめるよう圧力がかかることが十分に予想できる。取次のような、私企業であっても公的性格が強い組織がなんらかの価値判断をするときは、その根拠となる法律や条令が必要だ。そうでなければ恣意的な運用を防げず、表現の自由を破壊しかねない。取次が本の内容に関知せず、あえて選別しない姿勢を、わたしは基本的に支持する。

POSデータが生んだ画一化とランキング依存

とはいえ、現状の出版流通は多くの問題を抱えている。1部の取材でも明らかになったように、取次は出版社が発行した部数に応じて仕入れ部数を決め、仕入れ部数に応じて、取引する各書店に配本する。取次は書店の規模と立地と実績に応じて配本する。立地のよいところにある大型店には、広く厚く、多様な本が大量に配本される。単行本の場合、零細規模の書店にはよほど初版部数が多い本でないかぎり配本されない。だから零細書店の品ぞろえは雑誌と文庫とコミックがおもで、書籍はわずか。零細書店に並ぶ書籍は、そこそこ売れて重版された本の二刷、三刷以降が多い。「再販制のおかげで全国の書店に多様な本が並ぶ」といっても、それは建前でしかない。多様な本が並ぶのは大型店だけであり、零細店には売れている本（の重版されたもの）しか並ばない。

もっとも、書店の側にはそれをよしとする声もある。ある小規模店の店主は「うちのような本屋は、二刷以降で十分だ。重版しているということはそれだけ需要があるということなのだから」と言う。売れるかどうかわからない初版よりも、売れる確率の高い重版のほうがいい、ということなのだろう。商品選択の主体性を放棄したようにも聞こえるが、これも書店の現実なのである。

ちなみに、雑誌だけでなく書籍の返品率も高い。ここ数年、平均で四割近い状態が続いている。つまり、三〇〇〇冊つくっても、一二〇〇冊が返品されるのである。しかもこの四割という数字は金額ベースでのグロスであり、そのなかには返品率がきわめて低いベストセラーも含まれる。だから新刊だけに限ると返品率はもっと高いはずだ。出版社は返品を見越して本をつくる。大手出版社の場合、返品を二割ぐらいと見込んで価格や初版部数を決める。中小出版社の場合はもう少し高めに、三割、四割と見込む。大手の場合は発行点数が多いので、ヒット作で埋め合わせることができるが、中小出版社の場合はその確率が低いためだ。

ごく一部の「売れている本」とその他多くの「売れない本」の二極化が進んでいる。TV番組でとり上げられるなどなにかのきっかけでうまく「売れている本」の集団に入ると、どんなくだらない本でも一気に全国津々浦々の書店で売れるようになる。極小的なヒットが全国的なブームにつながることもある。ヘイト本現象もその一例と考えることができる。だがそれは

POSレジ（103ページ注参照）の普及と無縁ではないだろう。

POSレジが普及する前後から、出版社も書店も取次も、データを重視するようになった。それまでのスリップ（売上短冊）を一枚ずつ目視して手で数えていた時代には見逃していたミクロの動きも、POSデータを分析すれば把握できる。たとえば月に一冊だけだけれども確実に売れるような本は、スリップによる管理では気づきにくかった。そのため一九八〇年代には、書籍を一点ずつノートに記録して売れ行きを管理する「単品管理」が奨励されたこともある。しかし、新刊点数が増え、書店も大型化して在庫点数が増えると、手作業による単品管理は難しくなった。ちなみに出版科学研究所のデータによると、一九八〇年の新刊発行点数は二万七七〇九点だったが、二〇一八年は七万一六六一点になっている。POSレジによるデータ管理は、人間の目では見つけにくいものを発見できるようにした。

だが、POSデータにあらわれたわずかな変化を察知し、それに反応することによって、実際以上にニーズがあるかのように動いてしまうことが起きる。データがいわばレヴァレッジのような働きをするのだ。また、「売れるものを売り伸ばす」という考え方は、書店に過度のランキング依存をもたらした。どの書店の品ぞろえも似ているという〝金太郎飴書店〟化は一九九〇年代から指摘されていたが、「売れるものを売り伸ばす」「売り損じをなくす」というノウハウは、書店のチェーン店化によってさらに加速され、書店の没個性化につながっていった。

都会の大手書店チェーンのランキングを毎日チェックして、自店に欠品があれば発注することを習慣にしている中小の書店も珍しくない。

二一世紀に入って全国の大都市を中心に出現した独立系の小規模書店がときとして〝個性派〟と呼ばれるのは、取次によるパターン配本システムを採用していないからである。ランキングに依存することも少ない。

ランキングには批評性がない。売れている本は売れているということだけで注目され、話題になり、ますます売れていく。しかし、売れている本とは、売れた時点ではまだ読まれていない本である。大勢のまだ読んでいない人が買うことによってさらに売れる。売れていることと、読んだ人の評価は関係がない。出版社が発行した量に応じて配本するという取次のシステムは、売れている本がより売れるという現象のブースターのような役割を果たした。

やや脱線するが、大手書店チェーンのランキングを〝悪用〟する出版社もある。上位にランクされると、そのデータを見た書店から出版社や取次に注文が入る。そこで、自社の本を大手書店で大量購入し、ランキングに反映させるのである。出版社ではなく著者や関係者が購入する場合もある。もっとも、これはPOSレジ普及まえからおこなわれてきた。出版業界紙には東京の大手書店のランキングが掲載されるが、これを仕入れの参考にしている書店も少なくなかった。出版社がランキング入り目当てに自社買いする行為は、わたしがリブロ池袋店に勤務していた一九八〇年代にも見られた。

出版業界の外から迫る危機

こうした取次まかせの流通は、いま、転換期にさしかかっている。二〇一〇年代に入って軋《きし》みはじめていた物流が、二〇一七年ごろからいよいよ限界になってきたからだ。原因は出版市場が収縮していること、とりわけ雑誌市場が急激に収縮していることにある。物流の転換がそれに対応できていないのだ。雑誌の販売金額・販売部数は、ピーク時の一九九〇年代の後半に比べると三分の一にまで落ちこんだ。書店数は二〇〇一年の二万一千店から半減したが、一方でコンビニが五万店にも増えた（コンビニに雑誌・書籍を搬入しているのも取次の輸送網である）。雑誌の総量が減る一方で配送先は多く、しかもコンビニへの搬入時間は細かく決められている。運輸業者に支払われる工賃は運ぶ荷物の量によって決まるから、運輸業者にとっては手間が増えて工賃は減るばかり。

一方で、ヤマト運輸がアマゾンの大規模な配送から撤退したことに象徴されるように、運輸業界での人手不足は深刻だ。とりわけ出版輸送のようなキツくて工賃の安い現場は人が集まらない。トラック業界がアンケート調査をしたところ、過半数の業者が数年内に出版輸送からの撤退や廃業を考えていることが明らかになった（「カーゴニュース」電子版、二〇一八年八月二八日）。あるベテランの取次関係者は「いままで業者から仕事をほしいという声を聞くことはあったが、まさか仕事をやめさせてくれといわれる時代が来るとは思わなかった」と戸惑いを隠さない。二〇一九年四月からは、ついに九州・中国地方で雑誌・書籍の発売日が首都圏・関西圏よりも二〜三日遅れるということにもなった。福岡では『ＦＲＩＤＡＹ』も『週刊金曜日』も月曜日に発売される。

今後、人口減少やデジタル化など社会環境の変化を考えると、雑誌販売がかつての活況をとり戻す可能性は皆無である。二〇一七年にコミックスの売上において電子書籍が紙版を抜いたことに象徴されるように、マンガでは無料版も含めてデジタルへの移行が急速に進んでいる。大手出版社もデジタル化へのとり組みによって業績の明暗が分かれるようになった。

いまのところ雑誌は紙版が基本ではあるものの（ｄマガジンなどデジタル版のサブスクリプションモデルも紙の雑誌のＰＤＦ版であり、まだデジタルに最適化できているわけではない）、今後ありうるとすれば、ファッション誌やライフスタイル誌が力を入れているように、年間予約購読による出版社→読者の直販の拡大だから、取次と書店はプレイヤーから外されていくばかりだ。そして、紙の雑誌の物流はますます厳しくなる。書籍は雑誌の流通に依存しない流通システムを構築しなければならない。もちろんそれは、書店や取次が書籍の流通で食べていける制度設計や価格設定が前提である。

ひたすら悪化していく状況のなかで、書籍を内容によって選別しないという方針を、取次はいつまで貫けるだろう。また、点数を規制せずに総量を規制するというスタンスをいつまで保ちつづけられるだろうか。返品率に注目すると、書店の規模と立地と実績に応じて一方的に本を送りつける見計らい配本やパターン配本よりも、書店が書目と数量を選んで発注する注文出荷制*のほうがはるかに効率がいいのは明らかである。注文出荷制は驚くほど返品率が低い。しかしそれは、注文出荷制を採用している出版社も書店も少数だから成り立っているともいえる。

トランスビュー*が注文出荷制での取引を代行する出版社は一〇〇社程度（二〇一九年一〇月現在）で、どこも経営規模が小さく発行点数も少ない。配本する書店を数百店、数千店という規模で考えると、店舗ごとに一点一点配本数を決める注文出荷制より、書店をその特性から類型化して配本数を決めて送品するパターン配本のほうが、取次の人的コスト・時間的コストは少ないと思われる。雑誌流通が崩壊し、書店の淘汰が進み、書籍の価格が上昇していったとき、この状態がどう変わるのかがいまだよく見えてこない。

注文出荷制

出版社が取次による見計らい配本を依頼せず、書店（各店舗、もしくはチェーン本部によるとりまとめ）からの注文にしたがって出荷する方法。書店側が数量を決めるので、返品は基本的に減少するメリットがあるが、書店から発注が来ないかぎり出荷しないため、市場に出まわる数が減るデメリットもある。取引の形態としては、取次を経由する場合もあれば、書店との直取引の場合もある。

トランスビュー

二〇〇一年創業の出版社。創業時より、取次流通ではなく、書店との直取引をおこない、その独自の方法論を確立。出版業界内で「トランスビュー方式」と呼ばれ、直取引出版社の代名詞的存在となっている。二〇一三年より、他の出版社と書店との取引・流通を代行する「取引代行」を開始。トランスビュー方式や取引代行については石橋毅史『まっ直ぐに本を売る』（苦楽堂）にくわしい。

出版社の欺瞞——だれも責任をとらない

いろいろな本が出ているほうがいい、たとえその本によって傷つく人がいても。言論には言論で対抗すべきだ……というのは正論であり、ことの前提ではある。前提ではあるけれども、傷つけられた側にとっては深刻な問題である。事実、ヘイトスピーチの標的にされた辛淑玉《シンスゴ》はドイツへの移住（というよりも亡命）を余儀なくされた。ヘイトスピーチ規制法ができても亡命せざるをえないのである。この国は生存権より表現の自由を優先するのか。

標的にされる在日コリアンが強いダメージを受けているのに比べて、ヘイト本をつくる編集者や、それを宣伝したり販売促進したりする営業担当者たちの気分はぬるいとしか言いようがない。自由には責任もともなうはずだが、彼らは微塵も感じていないようだ。自分がつくる本がヘイト本だと自覚していない関係者も少なくない。「ものごとのさまざまな見方のうちのひとつを提供しているにすぎない」というのが彼らの言い分である。「さまざまな見方のうちのひとつ」がだれかを傷つけようと知ったことではない、と思っているのだろう。

もっとも、出版社の無責任ぶりはヘイト本に限ったことではないし、社会的に深刻な影響を及ぼす書物もヘイト本だけではない。たとえば書店の実用書売り場にはかなり怪しげな健康本が並んでいる。水が人間の言語を理解するといったオカルトじみた本はともかく、がんを治療せずに放置することをすすめたり、ワクチン接種の拒否をすすめる本は、人の命を縮めかねない。

面白ければいい、売れればいい、という態度は愉快な側面があるし、無責任に本をつくることは出版という仕事のよさでもある。とはいえ、それがもたらす結果について無責任でいることは許されない。その本によって傷つき、泣き、亡命までする人が出るとなると、面白がってはいられない。在日コリアンにとって住みにくい国が、日系在日日本人にとって住みやすいわけがない。

不本意な仕事の結果にも責任がある

現在の流通システムでは、書店も取次も、扱っている本について無責任になりがちだ。「自分で選んでいる」という意識が希薄にならざるをえないからである。しかしそれは出版社員も同じだ。たまたまその出版社に入社して、たまたま担当を命じられたから、その本をつくっているにすぎない、という編集者も少なくない。しかし、希望した仕事であるかどうかと、その仕事が及ぼす影響について無関心でいることとは別の問題だ。

とはいうものの、「好きでもない作家の本をつくらない」「内容に同意できない本をつくらない」というのは、現実にはなかなか難しいことである。上司から命じられた仕事を拒絶するには、その会社を辞める覚悟が必要だろう。辞めてしまえば、つくりたかった本もつくれなくなってしまう。仕事を失えば、どうやって食べていくのか。家族がいたらどうするか。うまくほかの出版社に転職することができたとしても、そこでもまたつくりたくない本をつくらされるかもしれない。

つくりたい本をつくるために、自分で出版社を興す人もいる。いまは大きくなった出版社も、はじめはつくりたい本をつくるために創立されたはずだ。菊池寛は雑誌『文藝春秋』をはじめるとき、他人から注文されて文章を書くのは飽きた、これからは自分が書きたいものを書くのだ、と述べた。しかし、「つくりたい本をつくる」のと「つくりたい本だけをつくる」のは、似ているようで違う。前者は「つくりたい本をつくる」ために、ときとして「つくりたくない本もつくる」ことも含む。個人としての編集者が食べていくために「つくりたくない本もつくる」ように、出版社も「つくりたい本をつくる」ために、「つくりたくない本をつくる」というパラドクスに陥ってしまう。まえにも紹介した、「一〇〇〇円の本を売りつづけるために、一〇〇〇円のドリンクを提供しているのです」というブックカフェのマネージャーのことばを思い出す。

渡辺浩章が長年勤めた大手出版社を辞めて、出版社・鉄筆を興したとき、社是として掲げたのは「魂に背く出版はしない」ということばだった。逆説的にいうと、社是として掲げなければならないほど、一般の出版社は魂に背いた本をつくっているのかもしれない。従業員とその家族、および取引先の従業員とその家族が食べていくには、ときには「つくりたくない本もつくる」という選択を、出版社はせざるをえないのだろうか。

したくないこともあるというのは、どんな職業にもあてはまることではある。スポーツカーをつくりたくて自動車メーカーに入社しても、担当させられるのはファミリー向けのワンボックスカーかもしれない。社会派ドキュメント番組をつくりたくてテレビ局に入社しても、命じられるのはバラエティ番組の仕事かもしれない。ファッションが好きでデパートに入社しても、配属されるのは家具売り場かもしれない。だれだって好きな仕事だけでは食べられないように、世に出ている本がすべて「つくりたくてつくった本」とは限らないのだ、と言いたくもなるだろうが、しかしそれでいいのか。ものには限度というものがあるではないか。なんぼなんでもひどすぎる、ということがあるはずだ。たとえ食べていくためであっても、やってはいけないことがあるのではないか。

それはこれまで何度も提起されてきた問題である。たとえば公害と企業とそこで働く従業員との関係について。古河鉱業の従業員たちは、足尾銅山鉱毒公害についてどう考えていたのだろう。チッソの従業員たちは、自分たちが出す廃液が水俣病を引き起こすことをどう考えていたのだろう。東電をはじめ電力会社の従業員たちは原発事故と放射性物質による汚染をどう考えているのだろう。ヘイト本を「仕事だから」と割りきってつくる編集者、「仕事だから」と割りきって広告宣伝し、営業する担当者は、「仕事だから」と割りきって原発を動かしつづけたり、廃液を垂れ流したりする公害企業の従業員や経営者と似ている。彼らもまた、手を汚している。

本当は出してはいけないものを知っている

「疎外」「自己疎外」といった、学生のころに習った概念を思い出す。「疎外」について『広辞苑』はつぎのように説明している。

〈ヘーゲルでは、精神が自己を否定して、自己にとってよそよそしい他者になること。マルクスはこれを継承して、人間が自己の作りだしたもの（生産物・制度など）によって支配される状況、さらに資本主義社会において人間関係が主として利害打算の関係と化し、人間性を喪失し

つつある状況を表す語として用いた〉

つくりたくもない本をつくらざるをえない編集者は、まさに自己疎外……されている、いや、している？

この自己疎外は出版業界全体を包みこむアイヒマン状態と同じだ。自分の行為について倫理的に検討することをやめ、それがもたらすものについて思いをめぐらすことを拒否し、責任をもつことを放棄している。〈ヘイト本にかかわる出版関係者の多くは、それがだれかを傷つけることや差別を意図したのではなく、多様なものの見方のひとつを提示しているのだと言う。見方を提示しているだけで、それを信じるか信じないか、同調するか反対するかは、読者にゆだねられているというわけだ。

怪しげな民間療法を勧める人から似たようなことばを聞いたことがある。「自分はそれによって治ったと言っている人のことばを紹介しているだけであって、治る、効果があると主張しているわけではない」と。詐欺や窃盗や殺人を題材にしたクライムノベルを刊行したからといって、犯罪を奨励していないのと同じではないか、と。「表現の自由があるでしょ」という声が聞こえてきそうだ。

しかし、ヘイト本について、「多様なものの見方のひとつを提示しているにすぎない」「表現の自由がある」という言い方は欺瞞だ。たとえば障害者や人種についての差別表現など、かつては容認されていたが、いまでは許されない表現がある。障害者を差別したり、被差別部落出身者を蔑視したり、外見についてからかう表現は、たとえ文章であろうとマンガであろうと写真であろうと、書籍や雑誌に掲載されて全国の書店に並ぶことはない。だれかを差別し、差別を助長する表現は、たとえ日本国憲法で表現の自由が保障されていようと、社会的には容認されない。いくら「仕事だから（つくりたくない本も）つくる」という出版界のアイヒマンであっても、障害者をののしり差別する本はつくらない。それなのにヘイト本はつくるというのは二枚舌だ。

「障害者差別は社会的に容認されないが、嫌韓・反中は容認されているし、それを求めている読者もいるのだ」と反論するのだろうか。だが、黒人差別やユダヤ人差別は許容されているか？　それらの差別と嫌韓・反中のなにが違うのか。ヘイト本に傷つく人、不快に思う人は確実に存在するのだし、ヘイト本に扇動されて在日コリアンを暴力やことばで傷つけ、差別する人がいる。障害者を差別することは禁じられて、在日外国人や外国にルーツをもつ日本人を差別することを容認するのはおかしい。

インターネット時代になって、ひとつの表現が思わぬ結果につながることも珍しくなくなった。バタフライ効果だの「風が吹けば桶屋が儲かる」だのといった話が誇張ではなく、ネット空間に投げ出された無責任なことばがだれかを扇動し、だれかの生存を脅かす時代になった。

このことについて、わたしたち出版にたずさわる者はもっと真剣に考えなければならない。廃液を垂れ流した足尾銅山やチッソの従業員は、まさかその一滴がだれかの人生を変えるようなおおごとになるとは思っていなかっただろう。原発を推進し、原発をつくった人たちも、事故が起きるとは思っていなかっただろう。彼らは心底「明るい未来が来る」と信じていたのかもしれない。しかし悲劇は起きた。そして、ヘイト本による悲劇は続いている。障害者差別や人種差別が許されないように、在日コリアン・朝鮮韓国系日本人への差別も許されない。

編集者の名を本に明記すべき

じつはヘイト本で強い影響力を発揮しているのは、書かれている内容以上に、その書名や副題、帯のコピー、そして広告のコピーである。古谷経衡が「ヘッドライン右翼」と書いているのを見て、「うまい！」と膝を打った。ヘイト本に影響される人は、その本の中身を読まず、書名や副題や帯のコピーなどから韓国（人）や中国（人）についてバッシングしていることが少なくないと古谷は言う。

ヘイト本に限らず、書名やコピーには大きな影響力がある。たとえば週刊誌の新聞広告や車内吊り広告。見出しだけ読んで「こんなことがあったのか！」とわかったようなつもりになる。

ところが当の週刊誌記事を読んでみると、羊頭狗肉、中身はたいしたことないこともよくある。広告のコピーは断定調なのに、雑誌記事では語尾に「か?」だの「といわれる」などと曖昧だったり。だが広告しか読まない人は、それが事実だと思いこんでしまう。ヘイト本も同様である。

書名や副題、帯のコピーはだれがつけているのか。それぞれの本によって事情は違うだろうが、著者ではなく編集者がつけることが多い。また、著者がつける場合でも、編集者が意見を言わないことはない。わたしの場合は、基本的に、書名も副題もすべて編集者におまかせしている。「編集者は間違えない」と考えているからだ。編集者は著者とは違う視点でものを見ている。読者や書店がどのように感じ、どう行動するかについても、著者よりよくわかっている。

しかし、編集者はより多くの人の目を引くために(つまり売るために)、文章のタイトルや本の書名、コピーなどが過激になりがちなのも事実だ。まさにキャッチコピーである。たとえば日本とドイツを比較したら日本のほうが圧勝だ、という書名の本でも、中身を読んで実際に数えてみるとけっしてタイトルのような数字にはならなかったり、あるいは人の評価の九割は外見で決まるのだというような本も九割でなかったり。とくに実用書系の新書などは誇張された書名が多い。

誇張した書名やコピーで傷ついたり生存を脅かされる人がいるのなら、書名やコピーを考案した編集者はその責任を負わなければならない。たとえ、具体的に文案を考えたのは社外のコピーライターだったとしても、その文章を採用したのは編集者である。とりわけネット空間ではタイトルやコピーが強い影響力をもつ。編集者の責任はかつてよりも大きい。本の奥付には担当編集者の名前も明記すべきだ。

ネットと本とマスメディア――刷りこまれる嫌悪感

ヘイト本は、いったいだれが読んでいるのか。ヘイト本の読者とヘイトスピーチをする人は同じなのか。ヘイト本読者とヘイトスピーチをする人、ネトウヨとは同じなのか。在日コリアンに対してだけでなく、弱者・少数者に対する社会全体の冷酷でとげとげしい雰囲気とそれらとの関係はどうなのか。

日本のヘイトスピーチ問題にくわしいジャーナリストの安田浩一さんに話を聞いて、考えた。

「ヘイト本を買うのは普通のこと」

「あくまでぼくがヘイト団体を取材したかぎりでは、書籍によって情報を仕入れたという人はほとんどいないと思います。もちろん在特会だっていろんな人がいるのでよくわかりませんが、少なくともアクティブに活動している人が、書籍から情報を仕入れたり、書籍に刺激を受けて、デモの隊列に加わるということは聞いたことがない。ヘイトデモの隊列にいる人がヘイト本を継続的に読みながら知識をさらに深めていくという人も、ぼくは知らない」

安田さんもヘイト本とヘイト団体の関係はよくわからないという。

どんな人がヘイト本を買っていくのか。安田さんはときどき書店で観察しているそうだ。

「普通のサラリーマンが買っているのを見て、ぎょっとしたんですよね。アクティブな活動に参加している人びとは、ネットで嫌韓本の宣伝などを積極的にやりますけど、自分でその本を読むことはほとんどないと思います。なのでヘイト本を買っているのは〝普通〟の人だと思うんですね。ただその普通の人が本当に普通なのかどうか。〝普通〟とは何なのか。ネクタイを締めてスーツを着た人間は普通なのか。普通に職業をもって普通に家庭があるから普通なのかというと、考え方がぜんぜん普通じゃない人って世の中たくさんいる。見かけだけで判断したり経済力で判断したり、ミスリードしている部分がぼくにもあったと思って反省しているんですよね。ネトウヨと呼ばれている人たちも、そういう意味では〝普通〟なんです」

「普通」とか「良識」といった概念が崩れている。あるいは、ひと昔まえとは違っている、変化している。「平等」とか「自由」ということについても同様だ。価値観の変容が社会全体で進行しているのかもしれない。イギリスのＥＵ離脱決定やアメリカのトランプ政権誕生を見ると、そうした現象は日本だけでなく世界中で起きていることのように思える。一方で、いや、そんな大げさなことではなく、日本で起きているのはちんけな退廃にすぎないという気持ちもわたしのなかにはある。価値観の変容などといった大層なことではなく、たんなる「感情の劣化」（このことばを教えてくれたのは宮台真司だ）なのだと。いや、そう思いたいわたしの正常化バイアスだろうか。

しかし、ヘイト本的な言説、ネトウヨ的な言説は、確実に浸透していると安田さんは言う。安田さんがそれを感じるのは、高校生や大学生を相手に講演をするときだ。

「乱暴な言い方をすると、偏差値が高い学校ほどネトウヨが多いんですよ。たとえばだれでも入れるような偏差値レベルの学校だと、わりと（素直に）聞いてくれているんですよね。差別デモの写真や動画を見せることもある。積極的な質問はないけど、でも問われると『キモイですよね、こいつら』みたいな反応が返ってくるんですよ。『人を排除して楽しいんですか』みたいな。ところがちょっと偏差値の高い学校だと、ぼくが批判されることも多い。『安田さん、ちょっと待ってくれ。あなたは在日差別はいけないというけれども、その原因を考えたことがあるのか。在日がいかに日本人を差別してきたか知っているのか』と言って彼らが持ちだす事例が、まさにネットや嫌韓本で書かれていることなんですね。明らかにネットやヘイト本の影響を受けているんです。たんに怪しげな情報を仕入れているというよりも、むしろきちんと読みこなしている。『どこで仕入れたの、その情報は』と聞くと、向こうも理論武装しているから、ネットで仕入れたなんて絶対に言いません。とくに頭がいい子は言いません。たまに『本を読んで』と言う」

マスメディアによる日常的な刷りこみ

わたしが若かった七〇年代にも、陰謀史観的な情報に魅せられる人はいた。世間では隠されている少数の人だけしか知らない真実を自分だけは知っているのだ、と彼らは言った。オウム真理教などカルト宗教に魅せられていったのはそういう人たちだった。いまは右翼系の歴史修正主義に惹かれるのだろうか。

「いま、むしろネトウヨ以上に影響力が高いのが既存のメディアだとぼくは思っています。嫌韓とか嫌中とか、あるいはマイノリティ差別に関して、露骨なことは言わないけれども、一般メディアのほうがよほど煽っていると思うんです」と安田さんは言う。

テレビや新聞、雑誌で報じられる、微弱な嫌韓・反中フレイバーの情報が蔓延し、その奥にヘイト本があるという構造になっているのではないかというのだ。テレビを持たず、新聞も朝日新聞と東京新聞しか購読していないわたしには、いまひとつピンとこない。

「だって、いま『韓国は好きですか?』と訊かれたら『嫌い』と答える人が多いと思うし、

『中国は好きですか?』と訊かれたら、『嫌い』『敬遠したい』という声が圧倒的に多いわけですよね。その『嫌い』の原因はなにかといえば、たぶん日々の刷りこみだと思う。朝日新聞だけ読んでいたって中国を嫌いになるでしょう、いまの状況だったら。なんとなく、でかい船で日本の領海を襲っている、みたいなイメージがある。そのときに、『中国は歴史を捏造し、日本をおとしめていた』みたいな表紙の本を目のまえに置かれたら、うっすらと刷りこまれた嫌中意識みたいなものを裏とりするために手に取って、さらに憎悪を深めていくという回路があるのではないか」

マスメディアによる日常的な嫌韓・反中意識の刷りこみがあり、その下地の上にヘイト本やネトウヨの言説が上書きされていくというイメージだろうか。

普通に暮らしていると、自然と中国や韓国に嫌悪感を抱くような環境にわれわれはおかれている、と安田さんは指摘する。日本社会のデフォルトが嫌韓・反中になっているのだ。

iPhoneが登場してからわずか一〇年で、わたしたちの情報環境は激変した。なにかを知るにはまずネットで検索するようになった。電車に乗るまえにまず経路を検索。電車に乗ったらニュースサイトを読み、料理店のメニューに知らない名前の料理があればまず検索。大学生協連によると大学生のスマホ利用時間は一日平均一七七分だというが、社会人も似たようなものだろう。そして、そのネットには出所の怪しい嫌韓・反中情報があふれている。まさに嫌韓・

反中洗脳状態だ。

「グーグルでもヤフーでも『韓国』で検索すると、反韓・嫌韓の情報しか出てこない。いかに韓国がひどいかが書かれたサイトがずらーっと出てくる。韓国のことをなにも知らず、書物で韓国のことを読んだこともないし、学校で韓国のことを学んだこともない、そんな人はとりあえず検索で始まりますよね。そうすると、いかに韓国がひどいかということが上位に来る。普通にいまの社会に生きていると、囲まれているのはそういうネガティブな情報ばかりです。ヘイト本がそういうものをつくっているというよりも、普通のメディアやネットの検索で出てくるあたりまえの情報によってヘイターがつくられていく。そういう人を満足させるためにヘイト本は一定の機能をはたしているんじゃないかという気がするんですよね」

呪いのことばは確実に人を蝕《むしば》んでいく、といったのは内田樹《たつる》だった。ネットでは人を傷つけ、差別することばが猛スピードで拡散していく。そのとき、在日コリアンをはじめマイノリティたちは傷つき、怯える。

「攻撃するツイートがあって、マジョリティだったら『客がついたな』ぐらいにしか思わないかもしれないけど、マイノリティだったら怖いと思うんですよ。自分がそれだけ多くの人間に認知され、しかも悪意をもって見られている。それが五〇〇とか一〇〇〇とかという数字だったら怖いと思うんですよね。恐怖を覚えるだろう。その恐怖を考えると、ネトウヨ的な人たちの絶対数は少ないけれど、その力量や影響力を過小評価できない。ネットって貧者の核兵器みたいなところがあるでしょう？　昔は大メディアに無名の個人が戦いを挑むことなんてできなくて、投書したところで黙殺されたけれども、ネットって書きこんだ者勝ちですから。それが広がってダメージを与えることも可能ですよね。金もないし名前も出したくないし、でもなにかを言いたい人間には核兵器級の力がある。核兵器とまではいわなくても生物科学兵器級の力をもっているのがネットだと思うんです。ぼくはあまり過小評価していません」

そのネットで引用・援用されるロジックをヘイト本が供給している。つまりヘイト本単体として見るのではなく、その影響を含めて考えなければいけないと安田さんは言う。

自分の店にマイノリティが来ると思っていない

ヘイト本に苦しみ、怯える人が現実にいる。だが、表現の自由もある。わたしたちは不寛容に対しても寛容でありつづけなければいけないのだろうか。

安田さんも「困っている」と正直に言う。

「本当にひどいと思う本を見ると、出版社や本屋の良識はどうなったんだよ、と言いたくなる。本屋さんには、ゾーニングしろよと言いたくなることもある。いつだったか、本屋さんの人と話をしたんですよ。すると、『でも、出版の自由と表現の自由が……』と言う。それもジュンク堂の福嶋さんのように真摯に言うんじゃなくて、さも面倒くさそうに。それはそのとおりですよ、表現の自由、出版の自由、あるいは本を販売する自由がある。でもそういう人に限って、じゃあ、入り口近くの平台にエロ本を堂々と置いているかというと、置いていないでしょう？　なんで置いていないの。本当に表現の自由だというのなら、売れているエロ本もどんどん置くべきですよ。でもそれはしない。なぜかというと公序良俗に反するから。ぼくは、ヘイト本の一部は明らかに公序良俗に反すると思う。それをゾーニングするのは悪いことじゃないと思っています」

ヘイト本のゾーニングなんて現実的じゃないとわかって言っているのだけれど、と安田さんはつけ加える。だが、本当に現実的ではないのだろうか？　レンタルＤＶＤにＲ指定があるように、ヘイト本（に限らなくてもいいが）、だれかから申し出のあった本についてはゾーニングするようなことがあってもいいのではないか。

「書店によってはひどいＰＯＰもあるんですよね、『在日の真実がこれでわかった！』みたいな。その書店のお客さんのなかにも在日外国人がいるはずで、その人たちがＰＯＰを見たとき、どういう気持ちがするのか、書店員は想像したことがあるのかな。あの帯やＰＯＰによって心が壊されていく人がいるということを理解できているのかな。知り合いの在日コリアンの女性は、嫌韓本がたくさん出ていたときは書店に行くのもいやだといっていました。その前を通るだけでつらい思いをする、と。不愉快というレベルならまだ許せると言うんです。でもそういうレベルじゃない。なんだか本が自分を見ているようなイメージになってくるんだそうです。『おまえは許されない存在なんだからな』と本が訴えかけてくるような。そういう本が並んでいるところは通るのもいやだった、と言われたとき、ぼくは『見なきゃいい』と言ったんです。すると彼女は『じゃあ、見る・見ないは、だれがいつどのタイミングで決めるの? 急に目に飛びこんできてしまったものを、なかったことにできる? そんな技術があるなら教えて』と言われて、そのとおりだなと思った。だからヘイト本に対して書店側は、そこまでの配慮が必要だとぼくは思っています。売るなとは言いません、商売である以上」

これは想像力の問題だ。店頭にヘイト本を並べている書店員は、その本が入荷したとき、その本を見た人がどんな気持ちになるのか想像していない。自分が働く書店にどんな客が来るのか想像していない。

悪口に置き換えて考えてみればいい。良識ある人は当人の前で悪口を言わない。当人自身のことでなくても、当人に関係のあることについて悪口を言わない。たとえば相手が大阪の出身だと知っていながら、その人の前で大阪の悪口を言うのは、下品で無教養なふるまいである。へたをすると「喧嘩を売っているのか」と言われるだろう。わたしの大阪の友人ならそう言う。

ところがヘイト本を売る書店員は、自分が在日コリアンに喧嘩を売っているとは思っていない。自分が働いている店の客に在日コリアンがいるとは思っていない。見えていない。想像力がない。

現代でも人間は簡単に扇動される

しかし、ヘイト本に攻撃される側は想像する。そこに書かれていることばは自分に向けられたものだと感じる。それだけではない。明確に言語化しているかどうかは別として、ヘイト本の先にある暴力を感じるだろう。たとえば関東大震災直後の東京で、たくさんの朝鮮人が虐殺された。いままた大規模な災害が発生したら、同じことが起きるのではないかと感じている在日コリアンがいるかもしれない。いや、いるだろう。新大久保で、川崎で、「殺せ！」「出ていけ！」と叫ぶ人たちがいるのだから。ことばが憎悪をかきたて、暴力を呼ぶ。

もちろんヘイト本には「在日朝鮮人を殺せ」と書かれてはいない。だが読んだ人をそのようにそそのかす力がある。ナチス・ドイツのユダヤ人虐殺を生んだのは、それまでに刷りこまれていたユダヤ人に対する差別感情であり、そこに上書きされた「ユダヤ人が世界を支配しようとしている」という陰謀論だった。「このままではユダヤ人に支配される。殺されるまえに殺せ」という感情が虐殺の原動力だ。「そんな昔の話をしても意味はない」と思う人もいるだろう。「情報通信が発達し、だれもがさまざまな情報に接することができる現代、だれかに扇動されるようなことは起こりえない」と言う人もいる。だが、ルワンダではツチ族とフツ族の抗争が起きたし、コソボの内戦もあった。ミャンマーではロヒンギャ難民への暴力が続いている。トランプが大統領になってからのアメリカはどうか。どれも現代の話だ。

平和な時であれば、人はなにも理由なしに「こいつを殺そう」とか、そこまでいかないにしても「こいつを視界から排除しよう」とは思わないだろう。ところが非常時になると人は変わる。歴史書を読むと、人はなんと簡単に理性を失うのだろうと驚く。ただし、なにもないのに理性を失うわけではなく、そこには動機づけや自分自身を納得させる言い訳のようなものが必要だ。それが戦前戦中のドイツであればユダヤ人脅威論・ユダヤ人陰謀論で、ルワンダではラジオから流れてくることばだった。ラジオから流れてくることばに扇動されてしまうのは、「殺さなければ、殺されてしまう」という漠然とした危機感の刷りこみがすでにあったから。いま在日コリアンに向けてヘイトスピーチする人びとの心の底には、日本がどんどん落ち目になっていくことへの焦燥感や恐怖感と、東アジアに対する根拠のない優越感と侮蔑感とが混在している。彼らは自分が被害者だと思っている。そして、それを刷りこんでいるのがマスメディアだと安田さんは言うのだ。

ほとんどの人は「在特会が好きか?」と問われれば、たぶん九九パーセントが「嫌いだ」と答えるだろう、と安田さんは言う。

「ただその人たちのなかには、『在特会のやり方はまちがっているが……』と言い、そのことばのあとにネトウヨ的なことばを用いる人がいて、そうした人がいま増えてきている。その人たちがヘイト本の購買層だとわたしは思っているんですよ。在特会をどう思っているのかと問いかけると、『あれはよくない』と返ってくる。在特会はすばらしいなんて言う人はいない。在特会をいちおう否定したうえで『しかし……』と言って、『一理ある』みたいな言い方でヘイトする側を肯定しているんですよね」

イジメについて、「イジメは悪いけれども、イジメられるほうにも原因がある」という論法そのままだ。

マスメディアへの不満のはけ口

だが、そうしたことだけでなく、マスメディアに対する不満や、さらに言うと民主主義社会に対する不満も根底にあるのではないかと安田さんは言う。昔からの手垢にまみれたことばで言えば閉塞感。それらの不満のはけ口として、在日コリアンはじめマイノリティがスケープゴートにされているのではないか。彼らを生け贄にする根拠としてヘイト本が利用されている。「ぼくが取材してきた、在日コリアンに対して差別する人とか外国人に対して差別する人って、彼らがなににいちばん不満を感じているかというと、それはメディアなんですよね。なかには在日が憎いとか外国人がいやだとか本気で思っている人もいるんだけど、それは少数で。在日についても、『メディアは本当のことを伝えない』とかならず言うわけです。彼らが言っていることが正しいかどうかは別として、メディアがきわめて戦後民主主義的な色彩をもって社会で認知されていたのは間違いないわけで、しかも、メディアは情報を流す側であり続けてきた。それに対して（ネトウヨたちは）不満をもっている。だから彼らは、『自分たちは洗脳されてきた』とか『メディアが言論を一極支配してきた』みたいな言い方をする。それは陰謀論的なものとして片づけることもできるんだけど、なんとなく心情的に理解できる。（彼らは）ネットがあらわれるまで、自分で情報を流す機会はなかった。『メディアは左翼だ』という言い方はなんだかなと思うんだけど、でも一概に否定できない雰囲気はたしかにあったわけで。そうした状況は、いちど保守的な心情をもってしまい、国粋的な心情とか排外主義的な心情を抱えている人にとって、面白くないわけですよね」

それはアメリカでトランプに投票した人びとや、イギリスでEU離脱に賛成した人びととも共通しているかもしれない。マスメディアから無視されてきた人びとの不満がヘイトに結びつき、マイノリティがそのはけ口にされている。

「ぼくはいまのテレビ局がリベラルだとは思わないけど、でも、ヘイトスピーチ規制法ができれば、それを肯定的に報道している。ニュースではそれなりに差別される側の心情に則った報道をしている。だから差別する側は怒っている。『われわれの主張は報道されない』って。彼らからすると、自分たちの言論はまだ社会から認められていなくて、メディアがわたしたちの言論を封殺している、無視している、という不満が溜まってくる。そういうときに青林堂なりなんなりが自分たちの意見を汲み上げてくれる言論機関としてある。そこに過剰な期待をしてしまう。何年かまえに、フジテレビ・デモ（147ページ注参照）ってあったじゃないですか。フジテレビだからあそこまで盛り上がったと思うんですよね。あれがTBSだったら赤坂にあれだけの人が集まったかどうか。フジテレビって、いちばん政治からかけ離れていたし、フジサンケイグループというものに過剰に期待していた（右寄りの）人たちにとっては裏切られたという思いが強くあった」

安田さんと話していて、あらためてヘイト本をめぐる状況の複雑さを認識する。まず、ヘイト本を受容する側について。彼らは単純に韓国人や北朝鮮人、在日コリアン、中国人を憎悪しているわけではない。そこには韓国政府や北朝鮮政府、中国政府の対日政策に対する反発もあれば、朝鮮人や中国人に対する漠然とした差別感情もある。竹島／独島、尖閣諸島／釣魚群島という領土問題に対する感情もあるだろう。さらにその根底には、中韓両国のめざましい発展と、沈みゆく日本という対照的な状況に対する焦りや苛立ちや絶望感もあるだろう。

わたしたちになにができるか

では、具体的にわたしたちはどうすればいいのだろう。ただ腕組みをして眉間にしわを寄せ「難しい問題ですね」などとつぶやくだけでいいのか。

それぞれの立場で考えよう。

まず、読者として。わたしがこの本を書こうと思ったきっかけは、最初のほうで書いたように、ヘイト本が並ぶ本屋の光景にうんざりしたからだった。そうした光景は見たくないし、またヘイト本を並べる本屋の売上に貢献したくないので、ヘイト本を並べる本屋には足を運ばなくなった。消極的抵抗である。マズいラーメン屋には二度と行かない。それと同じだ。

でも、それだけでいいのだろうか。

じゃあ、直接その本屋に告げるべきだろうか。告げるとしたらどのように言うか。「ヘイト本は不愉快なので、置かないでください」と言うか。「こういう本は、あんまり目立たせないほうがいいよ」と言うか。「この手の本は問題だと思うよ」とでも？　言い方は無限にある。

マズいラーメン屋に「マズいね」と言うか？　その本屋との関係、書店員との距離にもよるだろう。たとえば座談会をしてくれたＮＥＴ21の各店であれば、「こんな本、あんまり置かないほうがいいよ」と冗談めかして言えるかもしれない。「最近、味が落ちたね」となじみのラーメン屋の店主に言うのは難しい。ましてや親しく話したこともない書店員や書店経営者に、品ぞろえについてなにか言うのは勇気がいる。ならば電話か手紙、あるいはメールで伝えるのか。その場合は実名か匿名か。匿名ではなんだかクレーマーのようで気が引ける。自分を晒《さら》さないのは卑怯なような気もする。匿名という点ではネトウヨと同じではあるし。

わたしが書店経営者・書店員だったらどうすればいいだろう。選択肢はいくつかある。ジュンク堂の福嶋聡がいう「書店店頭を言論のアリーナに」というのはひとつの理想だ。嫌韓反中本だけでなく、そのカウンターになる本や、関連するさまざまな本をいっしょに並べ、多様な見方があるということを提示できる。状況を解説したＰＯＰやパンフレットもつくる。本屋だからこそできることだ。たとえ売れるのが嫌韓反中本や日本礼賛本ばかりだったとしても、違う意見の本をいっしょに並べつづけることに意味がある。一方の意見だけでなく、まさに「多様な意見」をひとつのセットとして提示できるからだ。その場合、必要な本は売れなくても置くという経営的な勇気が必要だろう。そして、そこでは実際に福嶋が経験したように、ヘイト本擁護者からのクレームもあるだろう。その覚悟と、他のスタッフの賛同や協力も必要だ。

とうぜん、カウンターになる本を並列することが、ヘイト本を売りつづけることのアリバイになってはいけない。

本屋にはヘイト本を置かない、あるいは目立たせないという選択肢もある。先述したようにセレクト書店と呼ばれる本屋の多くは、ヘイト本を積極的に置いていない。わざわざ注文してまでは並べない。では、取次から見計らいで送られてきたヘイト本をどう扱うか。「一冊だけ入荷したから棚差し。一〇冊だから平積み」というような機械的な作業ではなく、一点一点についてどう判断するか。わたしなら、書名や副題、帯の惹句などを読んで、客との関係を想像する。安田さんも指摘するように、書店という開かれた場所にはさまざまな客が来る。そのなかには在日コリアンも在日中国人もいる。最近なら観光訪日客もいるかもしれない。彼らがどう感じるかを想像してみる必要がある。

わたしが書店員で、客から「こんな本は置かないで」と言われたらどうするだろう。「わかりました」と店頭から撤去するのか、「いえ、求めているお客さまがいますので」と置きつづけるのか、聞こえないふりをして無視するのか。あるいは「それはなぜですか」と問い返すのか。わたしならどうするだろう。

取次がやれることは少ないかもしれない。少なくとも本の内容には関与しないというのが暗黙のルールであり、それが日本の出版流通システムを成り立たせているのだから。だが、雑誌が支えてきた日本のシステムは崩壊しつつある。書籍だけで利益を出さねばならなくなったら、現在のようなやり方を続けられるかどうかは不透明だ。

東京都の有害図書指定のようなシステムは参考になるかもしれない。行政と専門家、出版業界などからなる機関で有害図書かどうかを判断する。有害図書の場合は行政（東京都の職員）が市中の書店をまわって該当しそうな出版物を集め、それを検討会議にかけている。たとえば「この本はヘイト本であって特定の人を傷つけ、怯えさせている」という訴えがあった出版物については、行政・専門家・出版業界などからなる機関で検討し、ヘイト本だと判断したものについてはゾーニング販売するなどして不特定多数の目には触れないようにするとか。表現の自由を守りつつ、人権も守るにはこれがギリギリではないか。ほかにもっといい案はあるだろうか。

わたしが編集者だったら、あるいは出版社の営業担当者、宣伝担当者だったらどうすべきなのだろう。出版に倫理も道徳もないとわたしは考えている。露悪的に言うなら、人間の欲望をくすぐり、たくみにつけいり、雑誌や書籍を売りつけ、カネを巻き上げるのが出版という商売だ。その欲望にはいろいろなものがあって、世の中の平和とすべての人の幸福を願うのも欲望であれば、自分だけが得をしたいというのも欲望であるし、だれかが不幸になればいいと思うのも欲望だと思う。世の中の書物がすべて清く正しく美しい内容だけだったら、それは悪夢だ。

汚く醜いものも必要だ。

　しかし、自分がつくった本、売った本の責任は負わなければならない。自分がつくった本が差別を煽り、だれかを泣かせているのに知らないふりをしてはいけない。賞賛だけでなく非難も受け止めるべきだ。たいていの本の奥付には、著者名のほか発行者の名前がある。発行者はその出版社の代表者やその部門の責任者の名前になっていることが多い。すでに一部の出版社ではおこなわれているが、その本の編集担当者全員の名前も明記すべきだろう。製造物の責任者として。本を世に出す、表現を公共の空間に放つということは、同時に重い責任をともなうものなのだから。

すこし長いあとがき

変わらなければ、滅ぶだけ

なぜ本屋にヘイト本が並ぶのか、その理由がおおむね見えてきました。疲弊。無責任。想像力の欠如。無関心。あきらめ。

いろんなことばが浮かんできます。

2部の最後で、安田浩一さんの話を受け、ヘイト本もポルノグラフィーと同じようにゾーニングしてはどうかと述べました。ふざけたつもりはありませんが、この提案が実現する可能性は低いでしょう。仮に採用する本屋があったとしても、「なぜこの本をゾーニングの対象にするのだ」という疑問や反発の声が起きてくるでしょうし、ヘイト本かどうかを明確に線引きするのはポルノ以上に難しいでしょうから。

でも、ゾーニングとまではいかなくても、「ヘイト本コーナー」とか「嫌韓・反中を煽る本の棚」という表示があってもいいと思います。たいていの本屋ではヘイト本を「話題の新刊」や「社会問題」と表示した棚に置いているわけですが、本屋が「これはヘイト本なのだ」と明示することでそうした本がカテゴライズされ、相対化されるという効果が期待できます。本屋はもっと批評性を発揮していいし、自分たちの価値観を前面に出していいと思う。中立である必要もないし、黒衣である必要もないと思います。

以前、ある本屋がある雑誌にこんなPOPをつけました。「出ました！『○○』のパクリ雑誌」と。出版社は抗議したそうですが、POPを書いた書店員は「だって、ほんとのことじゃないですか」と反論したそうです。本人から聞きました。本屋はそれくらい批評性があっていいんじゃないですか。うさんくさい健康本のところには「眉に唾して読みましょう」とか「信じるのは自己責任」なんてPOPがあるといいと思うんですが。ちなみに、くだんの雑誌は休刊しました。

本屋の魅力は猥雑性にあります。いろんな本と出会うことができるから本屋は面白いのです。清く正しくお行儀のいい本しか並んでいない本屋は退屈です。

この難題とどう向きあえるか

昔、作家の小田実《まこと》にインタビューしたことがあります。そのとき小田は、自分は左翼ではないと言い、小田が参加したベ平連（ベトナムに平和を！市民運動）の活動にしても、その他の社会的な発言にしても、イデオロギーからというよりも「なんぼなんでもひどすぎる」と感じたことについてだけ行動を起こしてきたのだ、と言いました。小田実のことばに「人間みんなチョボチョボや」というものがあります。以来、わたしはこの「チョボチョボ」と「なんぼなんでも」を対にして、ものごとのモノサシにしてきました。ヘイト本についても、根絶しろとは言わない。でも、なんぼなんでもひどすぎる本は、取り扱うときに配慮とくふうが必要でしょう。

また、差別やヘイト本に対して、気軽に抗議の声をあげられる環境をつくることも大切だと思います。

まえがきで、この本をつくるのに予想よりも長い時間がかかってしまった言い訳をあれこれ述べました。ヘイト本とどう向きあうべきか、出版界はヘイト本をどう扱うべきか。とりわけ本屋はどうすべきなのか。あれこれ考えてきましたが、決定的な答えは見つかりません。

一方の極には、ヘイト本の出版を許さない、ヘイト本が流通しないしくみをつくる、という考えがあります。もう一方の極には、ヘイト本も表現の自由として尊重しながらも、しかし出版とその流通にかかわる人間の自覚をうながそうというようなソフトな考えがあります。わたしはこの本を書いているあいだじゅう、ずっとその両極のあいだを揺れ動いてきたというのが正直なところです。いまもそうです。「許すな！　根絶せよ！」と思った翌日には、「でも、禁止とか規制とかはいやだなあ」と考えています。権力はかならず腐るし、かならず暴走しますから。

寛容は不寛容に対して不寛容であるべきか。

このことばを知ったのは、十代の終わりごろでした。高校生のときだったか、もう大学生になっていたか。大江健三郎のエッセイに渡辺一夫のことばとして出てきたのでした。ヴォルテールの『寛容論』にルーツがあるのでしょう。

難しい問題です。この問題を考えるたびに、心は揺れ動きます。論理的には、不寛容に対して不寛容である寛容というのは矛盾していますから、寛容は不寛容に対しても寛容であるべきです。不寛容に対して不寛容であるなら、対話も和解も永遠に不可能で、どちらかが消滅するまで対立は続きます。対立を終わらせるためには、不寛容に対しても寛容であるしかない。それは理想です。

しかし、在日コリアンの人に向かって、「『朝鮮人は出ていけ!』と絶叫する人に対しても寛容になりなさい」と言うことができるでしょうか。わたしは言えない。汚いことばを投げつけられる在日コリアン自身が、「いや、それでもわたしは寛容になります」と言うならそれを否定することはないけれども、「あなたは、あなたを攻撃する人に対しても寛容であるべきです」なんて、とても言えません。右の頬を打たれたら、左の頬をも差し出せ、なんて無理ですよ。

ヘイト本問題を難しくしているのは、ヘイト本というものの特性にあります。ヘイト本の多くは具体的な個人の人権を侵害しているわけではありません。一部の、〝在日特権〟という虚構を根拠に在日外国人の排除を主張するような本は人権侵害といえますが、多くは韓国政府や中国政府の政策への批判という形をとっています。しかし現実にはそれが差別と偏見を煽り、日本国内で暮らす韓国や中国にルーツをもつ人を、傷つけ、苦しめることにつながっています。

ヘイト本というのは、ヘイトスピーチやヘイトクライムの着火剤であり燃料みたいなものだと思います。ヘイトスピーチが「差別を扇動する表現」ならば、そのヘイトスピーチを扇動する表現であるようなところがあります。たしかに一部の〝在特会本〟を除くと、ヘイト本そのものがマイノリティの人びとへの攻撃を指示しているわけではありません。「在日韓国・朝鮮人を叩きのめせ」「在日中国人を追い出せ」と、ストレートに書いている本はありません。だけど、国家と政府と国民と民族を意図的にか、あるいは無意識的にか、混同するように書くことによって、「北朝鮮政府のやり方は間違っている／韓国政府の対日政策はおかしい＝在日コリアンは敵だ、追い出せ」という雰囲気を醸成しています。朝鮮半島や中国にルーツをもつ人びと（かならずしも「外国人」とは限りません）に対して憎悪を向けるように焚きつけている。「憎悪してもいいんだ」「攻撃してもいいんだ」というメッセージを発しています。トランプのツイートとちょっと似ているところがあります。だからヘイトスピーチとヘイト本は無関係ではありません。ヘイト本の多くは、直接的には人権を侵害していなくても、人権侵害に加担しているのではありませんか？

答えは出ているのに変われない現状

これまで見てきたことから明らかなように、一部の本屋がヘイト本を無頓着に並べている根底には、書籍・雑誌の流通システムがかかえる問題があります。出版社と取次が、本屋の意思とは関係なく、規模と立地と実績によって配本するパターン配本、見計らい配本というシステムによって、ヘイト本が本屋に並びます。パターン配本を採用していない、注文仕入れだけにしている本屋では、ヘイト本をめったに見かけません。ヘイト本は本屋が積極的に売りたい本ではないからです。ヘイト本は本屋が仕入れの主体性を放棄していることのあらわれです。

だったら、取次と本屋はパターン配本をやめればいい。本屋は売りたい本だけを仕入れるようにすればいい。ヘイト本が減るだけでなく、本屋にとってもいい効果があります。パターン配本をやめたほうが、ひとつひとつの本屋の品ぞろえは面白くなります。「売りたい」と考える本は、それぞれ違うでしょう？　品ぞろえに個性が出ます。それぞれの本屋に違いが出てきます。〝どの本屋をのぞいても平台に並んでいる本はみんな同じ〟というような金太郎飴現象はなくなります。

しかし、本屋にとってパターン配本をやめるのは簡単ではありません。いまの本屋にはその余裕がないからです。これから出る本の情報を集めて、その本の内容を吟味して、著者の知名度や価格や装幀・造本などさまざまな要素を考慮して、仕入れる／仕入れない、仕入れるとしたら部数はどうするかなどを一点一点について判断していかなければなりません。仕入れたら、こんどは実物を見て中身を点検して、本当に店頭に並べる価値があるのかどうかを判断しなければならないし、どのジャンルのどの位置に陳列するのかも考えなければなりません。そんな時間はどこにあるのか……。

一年間に出る新刊書籍の数は七万点以上です。ピークだった二〇〇九年や二〇一二年に比べると一割ちかく減りましたが、それでも七万点を超えています。これにムックやコミックスなどを加えると一〇万点前後になります。一日平均三〇〇点以上。もっとも、このなかには医学書や法律書のような専門書もありますから、一般を対象にした本はこれよりも少ないでしょうが、それでも毎日、かなりの数の新刊が出ています。それをすべてチェックするのは、よほど人材に恵まれた大型店でないかぎり不可能だと思います。

何度かふれてきたように、多くの本屋は深刻な人手不足に悩まされています。いや、これは本屋にかぎらず、また、小売業にかぎらず、どこでも同じです。ほかの業界と同じく、本屋は売上の低迷を人件費の削減でしのいできました。従業員を減らし、正社員をパート・アルバイトに置き換えてきました。商品知識が豊富で判断力に優れた熟練の書店員が減りました。

わたしがときどきのぞく本屋では、「レジお願いしまーす」という声がよく聞こえてきます。

書店員たちはそれぞれジャンルごとに売り場を担当していて、営業時間中も入荷した本の整理や棚の補充、返品作業などに忙しい。この店に専任のレジ担当者はおらず、店員たちが交替でレジカウンターに入っています。レジに行列ができると「レジお願いしまーす」と応援を求めるのです。そのたびにスタッフは作業の手を止め、レジへと走ります。平台には作業途中の本が積まれたまましばらく残されます。

以前取材した郊外の本屋は、二〇〇坪も売り場があるのに、店員が一人だけになる時間がありました。店員はレジカウンターのなかでときどき防犯カメラのモニターを見ながら、事務作業などをします。客から「〇〇という本はありますか?」と訊かれても「棚になければとり寄せになります」と答えるしかありません。カウンターから出て棚を案内したり、棚の下の引き出しにあるストックを確認することもできません。「一人の時間はトイレに行けないのもつらい」と言っていました。

こうしたギリギリの人員でまわしている本屋に、一点一点を吟味して仕入れるよう求め、パターン配本は使うなというのは無理でしょう。

日本の出版産業の欠陥のあらわれ

先ほど、一年間に出る書籍とムックとコミックスは合わせて一〇万点と書きましたが、昔からこんなに多かったわけではありません。たとえば一九七五年の書籍の発行点数は二万二千点ほどです。四〇年後の二〇一五年が七万六千点あまりですから、三分の一以下だったわけです。ついでにいうと、一九七五年から二〇一五年までの四〇年間で、書籍の発行点数は三倍以上に増えましたが、一年間に売れた書籍の冊数はほぼ同じ（七五年が六億三三二二万冊で、一五年は六億二六三三万冊）、一五歳から六四歳までの生産年齢人口もほぼ同じ（七五年は七五八一万人で一五年は七六八二万人）。書店員が扱う書籍のアイテム数がべらぼうに増えたのです、売れる量は同じなのに。

販売部数は増えないのに、なぜ発行点数は四〇年間で三〜四倍にもなってしまったのでしょうか。もちろん発行点数が増えるのは悪いことではありません。それだけ本の種類が豊富になるのですから。いろんな本が出たほうがいい。出版点数が増えたということは、それだけわたしたちが文化的に豊かになったのだともいえるでしょう。

価値観が多様化し、ライフスタイルも多様化した。人それぞれさまざまなことに関心をもつようになった、だから出版される本の種類も増えたのだと考えることができますし、実際にそうでしょう。たとえば音楽というジャンルを考えてみましょう。一九七〇年代に比べて、さまざまな人がさまざまな音楽を聴くようになりました。ロックのなかにもさまざまなものがある。ジャズでもクラシックでも邦楽でも、それぞれが細分化し、さらに細分化されています。細分化と多様化はあらゆるジャンルで起きています。それに対応するために本もまた、さまざまなものが出る。出版点数が増えるのは必然的といえます。

ただ、新刊書の点数が増える理由はそれだけではないとわたしは考えています。そこに日本の出版産業の欠陥があらわれているのではないか。端的にいえば再販制（定価販売制）と委託制（返品条件つき仕入れ）です。再販制と委託制が一体的に運用されることによって、本がおカネのようになってしまった。本の偽金化です。逆説的ですが、出版社は経営が苦しくなると本をたくさん出そうとします。なぜなら、つくった本を取次に納入すれば、とりあえずおカネになるから。本屋は経営が苦しくなると、どんどん本を返品します。返品すればおカネが戻ってくるから。返品されると出版社はおカネを払い戻さなければならないから、そのまえに新刊をつくって取次に納入します。それがエスカレートしていったため、販売部数は変わらないのに、新刊点数は四〇年間で三〜四倍に増え、返品率は四割で高止まりしているわけです。新刊点数が増えるなかで、内容を十分に検討しないままつくられる本も増えたし、人の目を引くため感情に訴えるような刺激的なタイトルやサブタイトルの本も増えたのだと思います。点数の増大が招いた納品／返品処理作業の増大によって本屋の現場が疲弊し、陳列すべき本なのかどうかを検討しないまま店頭に出されるようになったのではないでしょうか。

〝人〟が働く本屋をとりもどすには

書店員の労働環境も四〇年まえとはすっかり変わりました。わたしがデパート内の洋書売場で働いていた一九八〇年代、デパートには毎週定休日があり、営業時間も午前一〇時から午後六時まででした。交替勤務なんてなかった。ところが、いつのまにかデパートも本屋も営業時間が長くなり、年中無休になり、従業員は交替で休むようになりました。「シフト勤務」ということばが定着したのはいつごろからでしょう。先ほどあげた郊外の本屋のように、広い売り場をギリギリの少人数でまわすようになり、パート・アルバイトの比率が高まりました。その一方で、扱う新刊のタイトル数は増えていくのですから、すべてを取次まかせにするパターン配本が増えるのは当然でしょう。

だから、本屋の現場を変えるには、出版産業・出版流通の根本から変えていかなければなりません。四〇年まえと比べて新刊発行点数は三〜四倍に増えたけれども、販売部数は同じ、返品率は四割と高止まりしたままというのでは、人もシステムも疲弊してしまうのが当然です。

過剰生産をやめて適正なレベルにまで戻すこと。本屋の利益率を上げて、現場がもっと余裕のある働き方をできるようにすること。この二つを同時に進める必要があります。

二〇一九年四月、幻戯書房が卸値を本体価格の六〇％にすると宣言しました。通常、出版社が取次に卸すのは本体価格の六七～七二％程度（「歩戻し」と呼ばれるリベートや、支払いの一部を留保するなど、取引によって複雑なバリエーションがあるので、一概には言えません）、取次の粗利は七～八％程度ですから、大幅な変更です。幻戯書房は角川書店の創業者、角川源義の娘である辺見じゅんが興した文芸出版社。辺見は角川春樹・角川歴彦の姉であり、自身もノンフィクション作家、小説家、歌人として知られました。二〇一一年に辺見は亡くなりましたが、幻戯書房はその後も純文学を中心に文芸書を刊行しつづけています。

幻戯書房が手がけるジャンルからすると、卸値を下げたからといって本屋がどんどん仕入れるというものでもない。つまりほかの出版社と競争するために卸値を下げたとは考えられません。ではなぜ身を削るようなことをするのか。プレスリリースによると、出版流通とりわけ書店の疲弊がひどいからというのです。出版社が卸値を下げて本屋の流通マージンを増やさないと大変なことになる、という危機感のあらわれです。ちなみに六〇％という数字は、アマゾンが出版社と直取引をするときの条件を参考にしたようです。

パターン配本と委託制をやめなければ変われない

再販制・委託制の一体的運用によるネガティブな側面については、おもに返品率の上昇という観点から、これまでもたびたび議論されてきました。その解決策として「責任販売制」の導入が試みられたこともあります。本屋は責任をもって販売できる部数を注文し、出版社はその満数を出荷するというものです（出版界では本屋からの注文よりも少ない部数しか出荷しない「減数配本」が常態化しています）。たとえば二〇〇九年に筑摩書房や河出書房新社、平凡社など中堅出版社八社がはじめた「35（さんご）ブックス」は、書店への卸値を本体価格の六五％にし、書店側の粗利を三五％にしました。一般的な粗利二二％よりも一三ポイントほど高くなります。そのかわり書店からの返品には本体価格の三五％しか払い戻しません。従来の委託制ならば六五％が払い戻されるわけですから三〇ポイント、書店は〝損〟をすることになります。仕入れにインセンティブを、返品にペナルティを、ということから、「インペナ制」とも呼ばれました。

しかし、この新しい取引形態は広がりませんでした。理由はいろいろあります。八社の出版物すべてに適用したのではなかったため本屋にはわかりにくかったことや、対象となった本にそれほど魅力がなかったことなどもありますが、最大の理由は、わざわざペナルティつきのインセンティブを選ぶよりも従来のままを望む本屋が多かったということでしょう。これまで、

「ハリー・ポッター」シリーズなど、買い切り（返品不可）を条件にした本もいくつか出ましたが、再販制と委託制の一体的運用が揺らぐことはありませんでした。本屋というのは保守的な業界なのだとつくづく思います。

もっとも、再販制のないアメリカでも、返品は出版社にとって頭の痛い問題です。三〇〜四〇％の返品があり、本によっては五〇％を超えることもあります。本屋の粗利は日本よりもはるかに多く、四〇〜五〇％ですが、返品をしなければ本屋の経営は成り立たないといわれます。

アメリカでは取次による見計らい配本はなく、出版社との直接取引にせよディストリビューターと呼ばれる問屋からの仕入れにせよ、本屋が注文した商品だけが納品されます。それでも返品が生じるのは、出版社は一冊でも多く受注し、納品しようとするし、書店は売り逃したくないと考えて多めに発注するからです。「売れ残っても返品すればいいんだから」という安易な気持ちがあるのかもしれません。

日本の出版界の返品率が高く、出版点数を増やしてきた原因には再販制と委託制があることは間違いありませんが、再販制と委託制を廃止すればただちに両者が改善するとは思えません。しかし、まずは見計らい配本・パターン配本をやめる、つぎに委託制（返品条件つき仕入れ）をやめる。これだけでも本屋はかなり変わります。本屋の手間は増えますが、そのぶんを取次を介さずに出版社から直接仕入れるなどしておぎなうことも考えられます。

ヘイト本が客を遠ざけてはいないか

出版業界の事情から離れて、読者にできることはあるでしょうか。

わたしはヘイト本を並べている本屋に行かなくなった、とこの本の最初のほうで書きました。以前は毎日のようにのぞいていた近所の本屋もそのひとつです。行かなくなってしばらくしたあるとき、気づきました。意外と困らないんですね、本屋がなくなっても。近くにはほかにも本屋があるし（こちらはヘイト本をあまり置いておらず、置いてあるものも棚差しにしていて、それなりの配慮というか工夫を感じます。少なくとも「無頓着」ではない）、電車に乗ってほかの街の本屋に行くという手段もある。いちばん大きいのはネット書店でしょう。ネット書店があるから、あまり困らない。必要な本はネット書店で買えるし、ネット書店のサイトをブラウズするのは本屋の店内をのぞくのに似ています。ネット書店はアマゾンだけじゃない。現在のわたしにとっては、ネット書店がなくなるとすごく困ったことになる。

『本屋がなくなったら、困るじゃないか』（西日本新聞社、二〇一六年）という本があります。福岡の本屋さんたちが開催している本のお祭り、「ブックオカ」でおこなわれた討論会（車座トーク）の模様と、インタビューや寄稿を収録した本です。すごくいい本だし、そこで語られていることにはおおいに賛同するのですが、でも「本屋がなくなっても、困らないかも」という気分もあります。というか、正確には、「（いい）本屋がなくなったら、困るじゃないか」であり、「つまんない本屋がなくなっても、たいして困りはしないよ」ということなんですよ。本屋だからありがたいわけではない。

新刊書店の数は、ピークだった一九九〇年代後半に比べるとほぼ半分に減ってしまいました。その理由は複雑で、人口減少（一五歳から六四歳までの生産年齢人口のピークは九〇年ごろです）や、大店法廃止による大型店舗の登場、ネットとスマホの登場によるライフスタイルの変化、ブックオフやヤフオクやメルカリなどが登場して古書市場が拡大したことなど、さまざまですが（いちばん大きいのは大型店が増えたことだと思います）、そのなかにはもしかしたら、わたしのように「ヘイト本を視界に入れたくないので本屋には行きたくない」という人が出てきたことも少しはあるかもしれません。客離れです。ヘイト本だけが原因ではなく、無頓着なヘイト本の置き方に象徴される本屋の荒廃と退廃に、嫌気がさした人が増えているといったほうが正確かもしれません。

あるいは、ヘイト本の流行という現象は、本屋の店頭力の衰退と、出版界の退廃のあらわれであると解釈することもできます。くり返し述べてきたように四〇年まえと比べて、新刊の年間発行点数は三〜四倍に増えました。なにが増えたのでしょうか。たぶん、なによりもつまらない本が増えたのだと思います。もともと本は玉石混淆で、しかも玉より石のほうが多かったけれども、その混合比がいまは一対九ぐらいじゃないでしょうか。圧倒的につまらない本が多い。日々たくさん出る玉石混淆の本のなかから面白い本を選びだして店頭のいい場所に置く、というのがかつての本屋の仕事でした。わたしはその手技を見たくて本屋通いをしてきました。ヘイト本を無頓着に置く本屋には、その眼力も見識も感じられません。だったら、その本屋には今後近づかないようにして、淘汰されることをお祈りすることにするか。そんな消極的な態度も、ヘイト本に対する抵抗かもしれません。

積極的にできることはあるでしょうか。さしあたって現実的には、声を上げつづけるしかないと思います。本屋に向かって、「ヘイト本なんて置かないでくれ」と言いつづけ、出版社には「ヘイト本なんて出版するなよ」と言いつづけるしかない。「ヘイト本は差別と偏見を拡大し、憎悪を煽り、社会を分断し、溝を広げようとしているのだ」と批判しつづけるしかないと思います。

わたしが利用するスーパーには、客が店に対して意見を書く箱が設置されています。意見を書く用紙と筆記台があり、壁面には意見と回答が張り出されています。意見は、あの商品を置いてほしい、テナントにあの店を入れてほしいという要望もあれば、「レジに並んでいたら横入りされた。店員は注意してほしい」といった客のマナーや店側の管理についてのものもあります。店側の回答はおおむね「従業員の教育をより徹底させます」といったありきたりのものですが、しかし、意見が届くしくみはできていますし、それが公開されているところも評価できます。

読者は積極的に声を上げる、本屋は積極的に耳を傾け、そして出版社や取次に伝える。読者が本屋を鍛えていくしかないと思います。

魅力のない本屋は滅びるのだから

わたしの当面すべきと考えるヘイト本対策をまとめます。

本屋は見計らい配本・パターン配本をやめ、本を選んで仕入れて売る。

取次は仕入れに役だつ情報を本屋に提供する。

出版社は、その本をつくった者の氏名を明らかにし、責任の所在をはっきりさせる。

読者は本屋に対して積極的にものを言う。クレームも激励も。

以上が、表現の自由と人権を両立させ、なおかつ実行できるギリギリ、つまり最低限ではないかと思っています。大きな船の進路を変えるように、すでに動いているシステムを変えるには長い時間がかかります。

まえがきで述べたように、この本は「本屋にとってのヘイト本」を考えるところからはじめました。ですから、最後も本屋にとってのヘイト本をあらためて考えることで終わりたいと思います。

いまのままだと本屋はさらに減っていくでしょう。人口は減りつづけるし、コミックスのように電子書籍に代替されていく本も多いでしょう。ネットでは広告収入で成り立つ無料のコンテンツビジネスがますます盛んになり、読者の時間はそちらに奪われていくでしょう。

そうしたなかで、ヘイト本についてなんの躊躇も屈託もなく並べているような本屋は生き残っていけるでしょうか。ヘイト本についてすらなにも考えないということは、ほかの本についてもなにも考えないということです。魅力のない本屋です。売れている本は並んでいるけれども、つまらない本屋です。つまらない本屋は滅びます。

面白い本屋にするには、売る本を選ぶことです。他人まかせにせず、売る人が本を選ぶ。「仕入れて売る」という商いの基本を大切にする。本の向こうにいる人のことを考える。想像力をはたらかせる。システムを変えることや慣行をやめることを恐れない。見計らい配本・パターンをやめる、自動発注をやめる、出版社の営業とコミュニケーションはとるが補充を出版社まかせにはしない。本屋の店頭が面白くなれば、ヘイト本は自然と減っていくでしょう。

著者紹介

永江朗　ながえ・あきら

1958年生まれ。ライター。書籍輸入販売会社のニューアート西武（アールヴィヴァン）を経て、フリーの編集者兼ライターに。90～93年、「宝島」「別冊宝島」編集部に在籍。その後はライター専業。「アサヒ芸能」「週刊朝日」「週刊エコノミスト」などで連載をもつ。ラジオ「ナルミッツ!!!　永江朗ニューブックワールド」（HBC）、「ラジオ深夜便　やっぱり本が好き」（NHK第一）に出演。

おもな著書に『インタビュー術！』（講談社現代新書）、『本を読むということ』（河出文庫）、『筑摩書房　それからの40年』（筑摩選書）、『「本が売れない」というけれど』（ポプラ新書）、『小さな出版社のつくり方』（猿江商会）など。

私は本屋が好きでした

あふれるヘイト本、つくって売るまでの舞台裏

2019年12月1日　初版発行
2020年3月10日　四刷発行

著　者 ―― 永江 朗
装　幀 ―― 松田行正＋杉本聖士

発行所 ―― 株式会社太郎次郎社エディタス
東京都文京区本郷3-4-3-8F　〒113-0033
電話 03（3815）0605　FAX 03（3815）0698
http://www.tarojiro.co.jp/

編集担当 ―― 尹 良浩
組　版 ―― トム・プライズ
印刷・製本 ―― シナノ書籍印刷

ISBN978-4-8118-0839-0 C0036

私は本屋が好きでした

あふれるヘイト本、
つくって売るまでの舞台裏

関連イベントのご案内

●

**憎悪を煽ることが〝普通〟になったいま、
ヘイト本にたいして、なにができるのか？**

●

ヘイト本が本屋の店頭にあふれる要因としくみをひもといた本書。

現場の実感は？　異論・反論は？

日本の出版流通システムの功罪は？

つくり手や売り手の責任はどこまであるのか？

とり扱いの是非と表現の自由とのかねあいは？

**永江朗がヘイト本をめぐるさまざまな論点を
ゲストと語りあう連続企画。**

イベント告知ページ

イベントの詳細は太郎次郎社エディタスのウェブサイトにある
告知ページで随時ご案内します（2019年12月公開予定）
http://www.tarojiro.co.jp/news/5964/